Emanuel Alencar

BAÍA DE GUANABARA

DESCASO E RESISTÊNCIA

HEINRICH BÖLL STIFTUNG
21 ANOS no BRASIL

mórula
EDITORIAL

COORDENAÇÃO EDITORIAL
Marianna Araujo
Vitor Monteiro de Castro

PROJETO GRÁFICO
Patrícia Oliveira

REVISÃO
Natalia von Korsch

FOTOS (CAPA E 4ª CAPA)
Custodio Coimbra

REVISÃO DE CONTEÚDO (1ª EDIÇÃO)
Marilene de Paula
Dawid Bartelt
Manoela Vianna

REVISÃO DE CONTEÚDO (2ª EDIÇÃO)
Marilene de Paula
Manoela Vianna

CONTEÚDO DOS INFOGRÁFICOS (1ª EDIÇÃO)
Emanuel Alencar
Felix Buchwald
Karina Merêncio
Manoela Vianna

CONTEÚDO DOS INFOGRÁFICOS (2ª EDIÇÃO)
Emanuel Alencar

FUNDAÇÃO HEINRICH BÖLL
Rua da Glória, 190 / 7º andar
Glória - Rio de Janeiro - 20241-180
www.br.boell.org
/bollbrasilInstagram /bollbrasil /HBSbrasil

MÓRULA EDITORIAL
Rua Teotônio Regadas, 26 / 904 - Lapa - Rio de Janeiro
www.morula.com.br | contato@morula.com.br
/morulaeditorial /morula_editorial

CIP-BRASIL. CATALOGAÇÃO NA PUBLICAÇÃO
SINDICATO NACIONAL DOS EDITORES DE LIVROS, RJ
Elaborado por Camila Donis Hartmann — CRB 7/6472

A353b Alencar, Emanuel, 1980
Baía de Guanabara: descaso e resistência / Emanuel Alencar. - [2. ed.] - Rio de Janeiro : Mórula : Fundação Heinrich Böll, 2021.
152 p. ; il. ; 24 cm.

Inclui bibliografia
ISBN 978-65-86464-53-5

1. Guanabara, Baía de (RJ). 2. Guanabara, Baía de (RJ) - Condições ambientais. 3. Degradação ambiental - Guanabara, Baia de (RJ). 4. Água - Poluição - Guanabara, Baia de (RJ). I. Título.

21-72702 CDD: 363.7394098153
CDU: 502.51:504.5(815.3)

A Maíra, Aurora e Clarice.

Dedico esse livro a Dora Negreiros e a Cristina Chacel, que tanto lutaram pela Guanabara. E às belezas da APA de Guapi-Mirim, o lugar mais aprazível do Rio de Janeiro.

ÍNDICE

FOTO: CUSTODIO COIMBRA ©

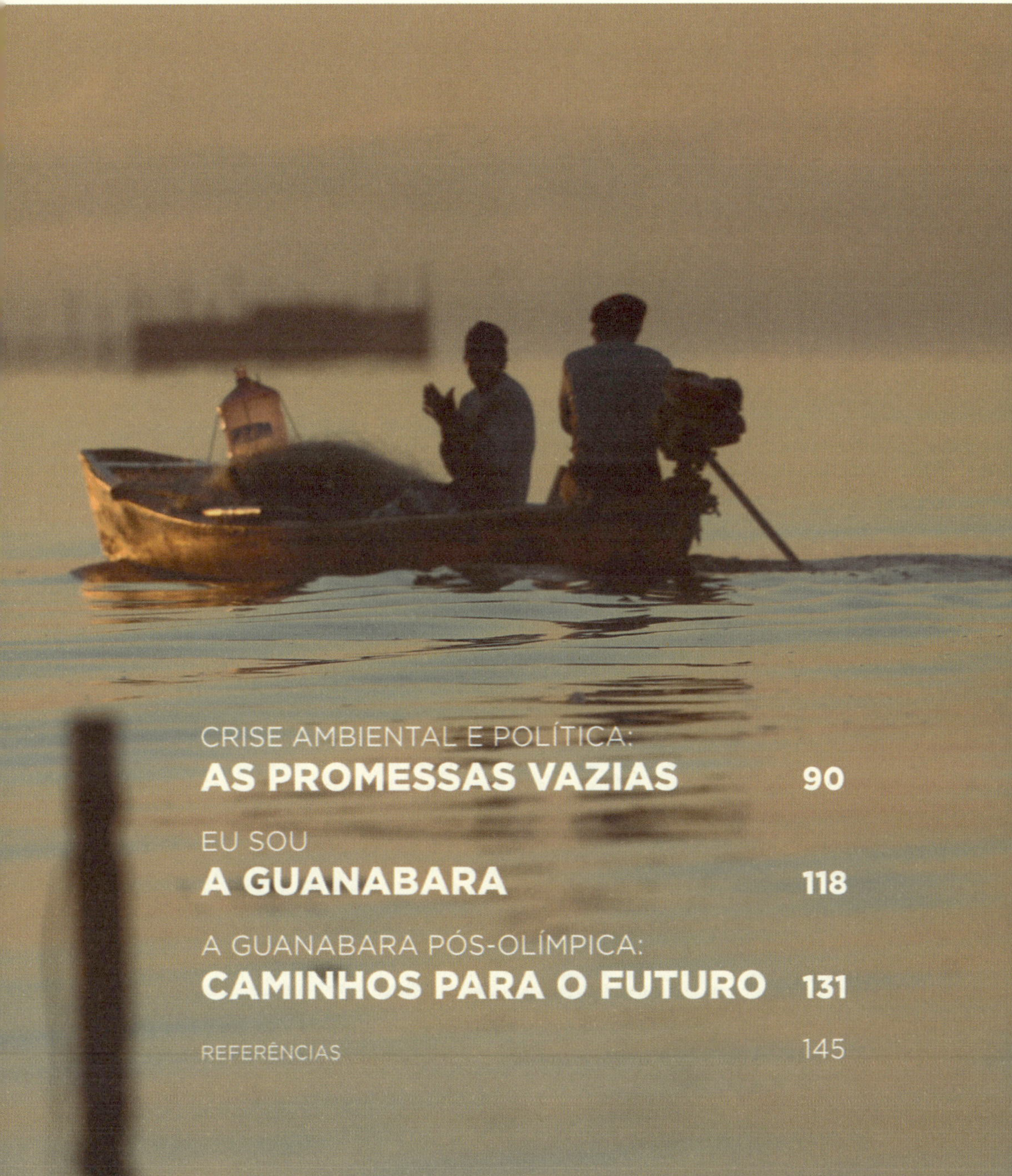

OS DESAFIOS PARA A GUANABARA QUE MERECEMOS

A BAÍA DE GUANABARA TEM GRANDE SIGNIFICADO para todos nós brasileiros. Não só cariocas e fluminenses, todos estamos tristes com as imagens de sujeira e descaso refletidas mundo afora. Queremos voltar a nos orgulhar dela, vê-la limpa, saudável, mergulhar em suas praias. Para mudar esse cenário é preciso, antes de tudo, analisar seriamente as causas e reconhecer os equívocos e omissões históricas que levaram à tamanha degradação. Mais: é necessário que observemos erros cometidos durante as recentes tentativas frustradas de reversão dessa nefasta situação.

O jovem e já premiado jornalista Emanuel Alencar contribui de forma significativa para esse necessário processo de análise. Não lhe faltaram inspiração e talento para pesquisar e discorrer cuidadosamente sobre o Programa de Despoluição da Baía de Guanabara (PDBG), o Complexo Petroquímico do Rio de Janeiro (Comperj), o projeto do pré-sal e muitos outros aspectos relacionados à integridade ameaçada e às tentativas de limpeza da Baía de Guanabara.

A leitura de "Baía de Guanabara: descaso e resistência" nos leva a conhecer a dimensão e a diversidade dos problemas que ainda teremos que enfrentar para termos a Guanabara que todos queremos e merecemos.

DORA NEGREIROS (1933-2016)

Este texto foi escrito para a orelha da primeira edição de "Baía de Guanabara: descaso e resistência", publicada em 2016.

Prefácio • 1ª edição

POLÍTICAS E POLITICAGENS DA BAÍA

DESCREVER EM PALAVRAS DE ÊXTASE e encanto a entrada na Baía de Guanabara, avistando a cidade ainda situada em cima do Morro do Castelo, foi exercício obrigatório nos relatos dos viajantes estrangeiros que visitaram o Rio de Janeiro em séculos passados. O conjunto de morros, água, vegetação verde e o branco dos sobrados da capital colonial ofereceu uma experiência sensual de beleza que muitos consideraram sem igual.

Portanto, quando falamos da Baía de Guanabara falamos de um símbolo nacional, internacionalmente conhecido e protegido desde 2012 pela ONU como patrimônio da humanidade. Mas falamos também de um dos grandes problemas e escândalos relacionados aos Jogos Olímpicos 2016.

É certo que no passado os escravos já despejavam os dejetos dos seus senhores e das ruas diretamente nas águas, mas foi com a industrialização e o grande crescimento populacional da cidade e do seu entorno, principalmente a partir dos anos 1960, que o problema ambiental na Baía se agravou seriamente. Hoje os esgotos de 8,5 milhões de pessoas e 14 mil indústrias no Rio de Janeiro e mais 15 municípios chegam à Baía. São 18.000 litros de esgoto não tratado por segundo despejados nela diariamente, como revela o texto a seguir. Junto e talvez mais ainda que as toneladas de lixo que bóiam na superfície são os perigos imperceptíveis ao olho humano: coliformes fecais, poluentes químicos altamente tóxicos como ascarel e organo-estanho e metais pesados também altamente tóxicos como o mercúrio que ameaçam seriamente a saúde e a vida marinha na Baía.

As discussões relacionadas à qualidade das águas que os atletas olímpicos enfrentarão não refletem o cenário adequadamente. Os veleiros disputarão as medalhas dentro de um canal natural que vai da boca da Baía até a Ponte Rio-Niterói. Este canal se beneficia mais fortemente da troca de águas em função das marés que trazem águas limpas do oceano e varrem para fora da Baía parcelas da sujeira. Há outras grandes partes da Baía, mais adentro, no fundo dela e em enseadas, onde as águas novas mal chegam ou chegam em proporções bem menores. Há pouca circulação e a sujeira se acumula. Em sua totalidade, a Baía se apresenta muito pouco diferente daquele estado no qual se encontrava quando se anunciou a candidatura do Rio de Janeiro para os Jogos Olímpicos de 2016. O anúncio oficial foi em setembro de 2007 e veio junto com a promessa, também oficial, de que a Baía estaria livre de lixo e de esgoto não tratado quando começassem os Jogos. A meta, fixada em 80% de redução de lixo e esgoto até o início dos Jogos, foi publicamente abandonada pelo governador do estado do Rio de Janeiro Luiz Fernando Pezão em julho de 2014 quando afirmou que ela só poderia ser alcançada em 2018. Especialistas, no entanto, acreditam que não será possível antes de 2030.

O que estava entre as maiores promessas de legado dos Jogos para a população carioca e fluminense (e até para a humanidade), é hoje o maior fracasso desta estratégia legitimadora. Mas não só dos Jogos. Já nas décadas anteriores, a limpeza da Baía de Guanabara não esbarrou na falta de dinheiro. O programa de Despoluição da Baía de Guanabara, o PDBG, descrito detalhadamente no texto a seguir, gastou 1,2 bilhão de dólares, atravessou sete governos estaduais, nunca foi concluído e não conseguiu melhorar a qualidade ambiental da baía significativamente, como conclui o texto do jornalista Emanuel Alencar, produzido a convite da Fundação Heinrich Böll e que apresentamos aqui com grande satisfação.

Podemos concluir que não tem sido pela falta de dinheiro que a Baía se encontra no estado calamitoso atual. Este é resultado de uma aguda falta de vontade política, alicerçada nas falhas institucionalizadas do sistema político brasileiro e aliada a uma política de extração de petróleo a qualquer custo social e ambiental.

Construiu-se estações de tratamento de esgoto, mas não foram construídas as redes de coleta que deveriam ter ligado as estações aos sistemas sanitários, nem aumentou-se o nível de saneamento básico nos municípios. Simplesmente não houve comunicação e cooperação dos diversos níveis administrativos suficiente para mudar o quadro. O PSAM (Programa de Saneamento Ambiental dos Municípios do Entorno da Baía de Guanabara), programa sucessor do PDBG aprovado em 2011, enfrenta o mesmo problema até hoje. A Baía de Guanabara constitui, portanto, um escândalo igualmente ecológico e político.

No trabalho no Brasil, a Fundação Böll tem constatado os efeitos socioambientais complicados, por vezes desastrosos do modelo de desenvolvimento em curso no país. Na Baía de Guanabara, não é diferente. Pelos que têm poder de decisão ela é vista como um espaço de aproveitamento principalmente da indústria petroleira. Há nas suas margens uma refinaria em funcionamento, a REDUC, e uma segunda em construção, e nos últimos anos a Baía virou estacionamento desta indústria para navios, plataformas e rebocadores: principal ponto de apoio do projeto Pré-Sal. Em todo debate pré-olímpico sobre a despoluição da Baía, provocado pela atenção internacional, nunca se questionou esta ocupação do espaço da Guanabara, e assim, na prática, determinou-se sua contínua poluição.

Há quem resista à decadência da Baía e aos processos que a ela levaram. Até porque lutam pela própria sobrevivência. É o caso do boto-cinza; uns 40 ainda insistem em ter a Guanabara como o seu habitat. É o caso de pessoas como Alexandre Anderson, pescador e presidente da Associação dos Homens e Mulheres do Mar (AHOMAR), em Magé, cujo caso vem sendo acompanhado pela Fundação Böll há anos. Seu barco já foi destruído pela polícia militar, a sua rota de pesca barrada por dutos de óleo e gás, e há três anos ele é impossibilitado de exercer a sua profissão porque teme por sua vida e vive escondido, junto com a esposa, num programa de proteção de defensores de direitos humanos. É o caso de ambientalistas, ativistas de direitos humanos e outras pessoas que se importam com o destino da Baía, e se juntaram para formar a campanha Baía Viva. Afinal, é verdade o que o secretário estadual de Meio Ambiente André Corrêa disse ao autor desta publicação: os programas anteriores têm sido projetos do Executivo. Falta informar, incluir e garantir a participação da população, e falta educação ambiental para as pessoas. Mas antes disto, há de se ter vontade e coordenação política nos níveis municipal, estadual e federal e controle das indústrias do entorno da Baía (que sabem exatamente o que estão fazendo) para superar as falhas do passado e fazer com que os 12 bilhões de reais considerados necessários pelo governo estadual para sanear todo o entorno da Baía façam efeito. E não por último, falta também resolver os conflitos socioambientais. Afinal, seria perverso sanear a Baía e aumentar a quantidade e qualidade dos seus peixes, e continuar impedindo que os pescadores tradicionais e suas famílias possam viver da pesca. O caminho do desenvolvimento chamado sustentável — um desenvolvimento que ambiciona realizar juntamente a justiça social e ambiental — se abre somente se conflitos desse tipo são resolvidos.

DAWID DANILO BARTELT

ESCRITÓRIO DO RIO DE JANEIRO
DA FUNDAÇÃO HEINRICH BÖLL

Prefácio • 2ª edição

CUIDAR DA BAÍA É CUIDAR DO NOSSO FUTURO

QUANDO LANÇAMOS EM 2016 a primeira edição do livro "Baía da Guanabara: descaso e resistência", vivíamos na sociedade brasileira anos de muita efervescência social e política. Tínhamos passado pelas grandes manifestações de junho de 2013, que levaram às ruas milhares de pessoas e se tornaram o maior ciclo de protestos populares pós-ditadura militar. A realização da Copa do Mundo de 2014 e dos Jogos Olímpicos de 2016 confirmava o Brasil como país emergente, enquanto as discussões sobre as infraestruturas urbanas e o direito à cidade tomavam o debate público. Uma das promessas de legado foi a despoluição da Baía de Guanabara para as Olimpíadas do Rio.

A publicação, em parceria com o autor e jornalista Emanuel Alencar e a Mórula Editorial, foi uma contribuição para chamar a atenção para o absurdo que é ter um santuário de beleza natural, peso histórico e importância econômica da relevância da Baía de Guanabara morrendo a cada ano que passa. Caso as muitas tentativas de despoluição tivessem sido levadas a sério pelo poder público teríamos avançado nesse propósito. O livro serviu, também, para mostrar quem mantém a Baía viva e como ainda é possível despoluí-la — somando-se às iniciativas de um conjunto de atores da sociedade civil que se aproveitou do momento olímpico para denunciar que a Baía precisava de ajuda e era possível avançar em sua despoluição.

"Baía da Guanabara: descaso e resistência" navega pela história da Baía; traz os números da vida marinha; e mostra a resistência dos pescadores locais para manter seu modo de vida, as políticas desenvolvidas para a despoluição e os vetores para tanta poluição, como o lixo flutuante, o esgoto doméstico e os resíduos despejados pelas cidades e indústrias que a circundam.

De lá para cá pouca coisa mudou em termos do descaso envolvendo esse patrimônio da humanidade pela ONU e cartão-postal do Rio de Janeiro. Nessa segunda edição foram atualizados dados e análises, assim como dois fatos que podem impactar os programas de despoluição da Baía: a privatização da Cedae e o novo Marco Legal do Saneamento Básico, sancionado em julho de 2020. Com a privatização, a Guanabara deve receber, nos próximos quatro anos (até 2025), R$ 500 milhões por ano do programa de concessão de saneamento aprovado no estado do Rio. Como bem lembra Emanuel Alencar, se isso vai significar avanços na despoluição só o tempo dirá.

A poluição da Baía joga luz sobre outro tema importante: a quantidade de plástico nos mares. Estima-se que 30% das 296 toneladas de detritos diariamente produzidas em sete cidades no seu entorno (Rio, Caxias, Magé, Guapimirim, Itaboraí, São Gonçalo e Niterói) vão parar nas águas da Baía. Esses números refletem o quarto lugar do Brasil como maior produtor de lixo plástico no mundo. São 11,3 milhões de toneladas por ano. O excesso do material na Baía também nos faz pensar em dois atores fundamentais: a indústria de transformação de plástico, que cresce exponencialmente, e o Estado, enquanto regulador desse mercado. A indústria deve ser responsabilizada pela reciclagem e reinserção do material na cadeia produtiva e ao Estado cabe fiscalizar e fortalecer a Política Nacional de Resíduos Sólidos e, em especial, garantir que os municípios instituam definitivamente a coleta seletiva em três frações — recicláveis, compostáveis e rejeito.

Há, ainda, um trabalho a ser feito junto ao consumidor para diminuir o consumo de plástico. Por semana, um brasileiro produz 1 kg de resíduos do tipo. Em termos gerais, significa que os 212 milhões de habitantes do país produzem o equivalente a 8.833 contêineres por semana. Parte disso vai parar na Baía. Dados como esses são encontrados no Atlas do Plástico[1], documento da Fundação Heinrich Böll que faz um raio x dessa cadeia e mostra que é uma grande ameaça para todos.

A tragédia da Baía nos faz analisar a real importância que damos para o meio ambiente em nosso país. Enquanto sociedade, estamos fiscalizando e nos mobilizando para isso? Num lugar como o Brasil, com desigualdades abissais, se preocupar com coisas como essas parece um luxo. Mas as mudanças climáticas, que apontam cada vez mais para os recorrentes desastres naturais, nos dizem que a conta chegará para todos. Já imaginou como seria o aumento de até 80 cm do nível do mar no Rio de Janeiro?

Relatório recente elaborado pelo Painel Internacional da Mudança Climática (IPCC, na sigla em inglês) aponta que as consequências provocadas pela ação do homem são inevitáveis e irreversíveis. Segundo a entidade, que reúne os maiores especialistas no tema, a temperatura média do planeta tende a se elevar em 1,5° C nas próximas duas décadas, trazendo devastação generalizada. Há pouco tempo, a Bélgica e a Alemanha sofreram com enchentes que mataram 196 pessoas; na Grécia, o fogo devastou a ilha de Eubeia; um incêndio em florestas na Sibéria destruiu uma área do tamanho do estado de Alagoas; e, aqui, a floresta Amazônia segue queimando, com um aumento exponencial em comparação a outros anos.

São muitos desafios, sem dúvida. Mas conversando com quem está nesse mundo há mais tempo, descobrimos também incontáveis memórias em torno das praias da Baía, como aquela ou aquele que pela primeira vez entrou no mar pelas águas da Praia de Ramos ou das praias no entorno da Ilha do Governador.

1. *O Atlas do Plástico é uma iniciativa da Fundação Heinrich Böll e está disponível na íntegra para download em http://www.br.boell.org/pt-br/atlasdoplastico. Acesso em: 17/08/2021.*

São memórias lúdicas, principalmente de quem mora na Zona Norte ou em cidades da Baixada Fluminense banhadas pela Baía. Nesses tempos difíceis que atravessamos, não podemos desanimar. E da janela do escritório da Fundação Heinrich Böll a linda vista da Baía nos ajuda a seguir.

Agradecemos a Emanuel Alencar pela dedicação e pelo empenho em revisitar a Baía, com seus problemas e belezas, e nos brindar novamente com um valioso trabalho que esperamos seja uma ferramenta útil para o debate público e a construção de políticas.

Uma moradora de Eubeia, ao ver seu pequeno hotel destruído (assim como toda a cidade) pelos incêndios que tomaram a ilha, definiu bem o que acontece pelo mundo nesse momento histórico: "Não foi só o lugar que queimou. Nosso futuro queimou"[2]. Cuidar da Baía é cuidar do nosso futuro.

2. *BALLESTEROS, Cecilia. Eubeia, a ilha da Grécia onde o fogo "queimou o futuro". El País, 16/08/2021. Disponível em: https://brasil.elpais.com/internacional/2021-08-16/eubeia-a-ilha-da-grecia-onde-o-fogo-queimou-o-futuro.html. Acesso em: 17/08/2021.*

ANNETTE VON SCHÖNFELD
DIRETORA

MARILENE DE PAULA
COORDENADORA DE PROGRAMA

ESCRITÓRIO DO RIO DE JANEIRO
DA FUNDAÇÃO HEINRICH BÖLL

Introdução

QUEM CHEGA AO RIO DE JANEIRO, por mar ou por terra, tem o primeiro contato com a cidade por meio de um extenso espelho d'água. A maravilhosidade da Baía de Guanabara, pontilhada por cadeias de montanhas ao horizonte, é confrontada com uma situação vexatória, facilmente captável mesmo por aqueles com o olfato menos apurado. Em décadas, o Rio falhou, dramaticamente, em planos para dotar a Guanabara de melhores condições ambientais. Exemplos não faltam mundo afora de recuperações de ambientes historicamente degradados[3]. Londres deu dignidade ao seu Rio Tâmisa na década de 1960; na Coreia do Sul, o Rio Cheonggyecheon foi despoluído em apenas quatro anos; a gigantesca Baía de Chesapeake, principal estuário dos Estados Unidos com seus impressionantes 166 mil km², deverá estar 100% livre de poluentes até 2025.

Depois de uma primeira edição lançada em 2016, era hora de atualizar as informações sobre nosso cartão-postal, decorridos quase cinco anos das Olimpíadas que deixaram um gosto de "era possível ter feito mais" aos habitantes do balneário carioca. Este é, portanto, um esforço de manter a memória documental da Guanabara viva. Busquei referências em mais de 40 publicações, entre textos, reportagens e artigos científicos, e em uma dezena de entrevistas com pesquisadores, ativistas ambientais, pescadores, gestores e servidores públicos. O discurso quase consensual aponta para o ambiente político como o grande vilão, determinante para os avanços bastante tímidos na despoluição. Pude notar, logo no início das apurações, histórico de corrupção; total descuido com o erário; falta de acompanhamento dos órgãos de fiscalização; ausência de participação da sociedade; e meias verdades sendo divulgadas pelos órgãos ambientais.

3. *Cf. infográfico nas páginas 116 e 117.*

Informações conflitantes surgiram aos montes. Nesses casos, busquei mais fontes — algumas se dispuseram a falar sob condição de anonimato — numa tentativa de chegar à informação mais próxima da realidade. Quando não foi possível estabelecer um consenso, lancei mão da técnica jornalística que me acompanhou por 12 anos de trabalho em redações: dei voz aos múltiplos lados. Insisti para que os diversos atores que lidam de alguma forma com a baía respondessem meus questionamentos, dessem suas opiniões, rebatessem as críticas. Nem sempre obtive êxito. Em suma, calibrei minha bússola com os ensinamentos do mestre Clóvis Rossi, jornalista renomado que nos deixou em junho de 2019: "Jornalismo é a prática de quatro verbos que qualquer um tem condições de executar: ver, ler, ouvir e contar". Porque, sim, este é um livro-reportagem por essência.

No primeiro capítulo, há um breve histórico da baía e suas belezas naturais que teimam em sobreviver. No segundo, o histórico de degradação. A terceira seção é dedicada à discussão das crises política e ambiental nas quais estamos mergulhados e à aposta na concessão dos serviços de esgotamento sanitário para a iniciativa privada. "Eu sou a Guanabara", o quarto capítulo, traz reflexões de cinco personalidades historicamente ligadas ao dia a dia da baía. Por fim, no quinto capítulo, a ressaca pós Jogos de 2016 e os cenários futuros, em que os territórios guanabarinos serão fortemente impactados.

Que as leitoras e os leitores não tenham dúvidas: falar em despoluição da Guanabara quando mais de 1,6 milhão de moradias no Rio de Janeiro sequer são abastecidas por redes de esgoto é peça de ficção. Ou desonestidade. Mas há, sempre há, uma luz no fim do túnel. É possível recuperar a baía. Os resistentes 30 botos-cinza que suas águas abrigam são a prova disso.

MARAVILHA DE CENÁRIO

UM ESTUÁRIO CERCADO POR UM CINTURÃO verde exuberante, pontilhado por ilhotas de cujas águas brotavam diversas espécies de peixes e crustáceos. Esse pode ser um bom resumo do que significava a Baía de Guanabara durante séculos, até a chegada da Família Real portuguesa ao Brasil, em 1808. Descoberta pela expedição de Américo Vespúcio à costa brasileira em primeiro de janeiro de 1502, desde então a Guanabara despertou reações extasiadas em visitantes e moradores. Se na época os portugueses não distinguiam estuários de baías — daí a origem do batismo do Rio de Janeiro —, o cenário idílico era bem compreendido por gente do mundo todo. Bem compreendido e muitíssimo bem registrado, diga-se. Uma viagem no tempo, na memória de viajantes e escritores, mostra uma coleção de elogios à Baía de Guanabara.

Em sua obra literária "Uma viagem à terra do Brasil", uma referência do século XVI, o pastor, missionário e escritor francês Jean de Léry (1536-1613) faz extensos relatos sobre a baía, inclusive exaltando a diversidade da fauna, que incluía "horríveis baleias", tubarões, arraias e golfinhos. Jean de Léry partiu para o Brasil com outros 13 companheiros em novembro de 1556, com destino à colônia fundada um ano antes por Nicolas Durand de Villegagnon.

Esse rio está cheio de várias espécies de peixes (...). Mencionem-se, entretanto, desde já os excelentes sargos, os tubarões, as arraias, os golfinhos e outros, médios e miúdos, alguns dos quais descreverei com minúcias no capítulo dos peixes. Não deixarei de mencionar também as horríveis baleias que diariamente nos mostravam suas enormes barbatanas fora d'água e, folgando neste vasto e profundo rio, aproximavam-se tanto da nossa ilha que as podíamos atingir a tiros de arcabuz. Entretanto, como têm o couro muito duro e o toicinho espesso, não creio que as balas penetrassem a ponto de ofendê-las; prosseguiam no seu caminho e suponho que não viessem a morrer. (Léry, 1961, p. 89)

Vista da Baía de Guanabara com destaque para o Pão de Açúcar.
FOTO: FOTOSEARCH©

Domínio dos tamoios

Cabe aqui um registro importante: à época, a Guanabara era rodeada por tribos de dois povos indígenas, que, embora rivais, pertenciam ao ramo linguístico tupi: os tamoios (ou tupinambás) e os temiminós (assim chamados, pejorativamente, pelos adversários maracajás). Na metade do século XVI, os maracajás estavam isolados no que seria a futura Ilha do Governador — onde existiam 36 tabas, segundo o cosmógrafo francês André Thevet, morador da Guanabara daqueles tempos. A tribo contaria, de acordo com estimativas relativamente confiáveis, com cerca de oito mil indivíduos, cercados por 70 mil tamoios (Fernandes, 2013) capitaneados pelo temido Cunhambebe.

GUANABARA
Palavra de origem tupi, pode ter três significados: Iguaá-Mbara (iguaá = enseada do rio, e mbará = mar); ou então guana ("seio") bara ("mar"), "mar do seio", em referência ao formato arredondado da baía e à fartura de pesca que proporcionava.

CUNHAMBEBE
Famoso chefe indígena tupinambá brasileiro, tendo sido a autoridade máxima entre todos os líderes tamoios da região compreendida entre Cabo Frio e Bertioga. Foi, também, aliado dos franceses que se estabeleceram na Baía de Guanabara em 1555, no projeto da França Antártica.

Nesse contexto, o francês Villegagnon cruzou a Baía de Guanabara em 10 de novembro de 1555 com duas naus, um pequeno barco de mantimentos e uns 600 homens. Aos 45 anos de idade, ele instalaria uma fortificação no local que passaria a levar seu nome — hoje a Escola Naval da Marinha, mas à época o Forte Coligny. Em meados do século XVI, você deve recordar as aulas de história no colégio, os descobridores franceses tentavam estabelecer a França Antártica no Brasil. O projeto, que terminou bombardeado pelos portugueses, desejava transformar a colônia em uma poderosa base militar e naval, de onde a Coroa francesa poderia tentar controlar o comércio com as Índias.

O encontro da tropa com os tupinambás não representou um conflito: a tribo, liderada por Cunhambebe, era aliada dos franceses. Mas outro tipo de tensão aconteceu, como relata Elmalan:

> Invariavelmente pacíficos, os primeiros contatos com os nativos são todos marcados pela estupefação provocada entre os franceses pela sensualidade natural das índias. Trata-se de um verdadeiro choque de civilizações. O mundo da Baía de Guanabara revela-se, de fato, genuinamente novo para os católicos assombrados pelo pecado da carne.

> Para o casto Villegagnon e sua tropa de homens sem mulheres, a prova da tentação se anuncia particularmente muito difícil de suportar. (2008, p. 260)

Os planos de Villegagnon prosseguiram com a instalação da colônia na região da atual Praia do Flamengo, em 1556. O vilarejo, erguido ao lado da foz do Rio Carioca, foi batizado de Henriville, em homenagem ao rei francês Henrique II (1519-1559). A derrota para os portugueses viria em 1640, com a tomada do Forte Coligny (na Ilha de Villegagnon). Nas décadas seguintes, os tupinambás e os temiminós seriam praticamente extintos.

Após a fundação da cidade do Rio, em 1565, por Estácio de Sá, a ocupação do recôncavo da Guanabara se deu fundamentalmente em torno da monocultura da cana-de-açúcar. Os rios tiveram papel preponderante na ocupação da região e no escoamento do açúcar produzido pelos engenhos. Sob o enfoque ambiental, o século XVII foi desastroso, deixando sequelas na Guanabara, em função do desmatamento e do aumento populacional (Amador, 2013, p. 62).

"Florestas luxuriantes"

O século XVIII foi marcado pelo ciclo da mineração na colônia, que acabaria conferindo ao Rio a condição de capital do país em 1763. A produção mineral das Minas Gerais era escoada pelo Porto do Rio. Brejos, lagunas e a própria baía foram aterrados. O litoral carioca foi inteiramente ocupado, da Glória à Gamboa. Nada disso, porém, seria capaz de tirar da Guanabara a sua beleza. Em 1766, Louis Antoine de Bougainville, que se tornaria o primeiro francês a circunavegar o globo, assim registrou uma visita ao Rio:

> Durante a nossa estadia no Rio de Janeiro, gozamos a primavera dos poetas. A vista desta baía dará sempre o mais vivo prazer aos viajantes (...). Nada é mais rico que o cenário destas paisagens que se oferecem de toda parte. (1772, p. 143-144)

A chegada da Família Real portuguesa em 1808 e a abertura dos portos às nações amigas aumentaram o comércio e ditaram um novo ritmo à baía.

> A primeira notícia concreta de que temos notícia destinada a fazer desaparecer o manguezal tem lugar em 1811, quando o Príncipe Regente reconhecendo o crescimento cada vez mais impetuoso da cidade, e, por conseguinte, a maior necessidade de criar habitações para seus moradores, resolveu incentivar a ocupação do lugar denominado Cidade Nova, e isentou do pagamento da Décima Urbana aquelas construções que fossem ali realizadas. Havia também na determinação do Príncipe Regente, mesmo que ainda com pouca consistência, uma pequena menção de que os enxugamentos e aterros das áreas pantanosas seriam de utilidade por trazerem benesses à saúde pública. (Chaves, 2008, p. 70)

DÉCIMA URBANA
Imposto predial criado em 1808 — o que equivaleria ao nosso IPTU (Imposto Predial e Territorial Urbano).

Todas as transformações não significariam prejuízo à qualidade das águas. Em 1857, no romance "A Viuvinha", o escritor José de Alencar as descreveria como "límpidas e serenas". À época, o recôncavo da Baía de Guanabara já estava profundamente alterado por um novo ciclo: o do café, que implicaria desmatamentos nos maciços da Tijuca, da Pedra Branca e do Mendanha. O estuário de São Diogo, uma área alagada entre a Praça Quinze e a atual Avenida Francisco Bicalho, recebeu obras de canalização, a pedido de Irineu Evangelista de Souza, o Barão de Mauá. Mesmo assim, em seu "Diário de uma viagem ao Brasil", a escritora inglesa Maria Graham (1785-1842) relata maravilhas de sua chegada ao Rio, em dezembro de 1821:

> Nada do que vi agora é comparável em beleza à baía. (...) Altas montanhas, rochedos como colunas superpostas, florestas luxuriantes, ilhas de flores brilhantes, margens de verdura, tudo misturado

> com construções brancas, cada pequena eminência coroada com sua igreja ou fortaleza, navios ancorados, ou em movimento, e inúmeros barcos movimentando-se em um tão delicioso clima. Tudo isso se reúne para tornar o Rio de Janeiro a cena mais encantadora que a imaginação pode conceber. (1990, p. 174)

Degradações mais profundas ocorreram mesmo no século XX, entre 1930 e 1990, em função do processo de urbanização conduzido pelo modelo urbano-industrial. A taxa de urbanização do Brasil evoluiu de 31,2% em 1940 para 75% em 1990 (Amador, 2013, p. 175). É o período dos aterros, dos megaprojetos de infraestrutura urbana e da expansão das indústrias no entorno da baía. A abertura da Avenida Brasil, em 1946, ligando o Centro do Rio aos subúrbios, reflete a consolidação do ideal de progresso por meio do rodoviarismo. O Aeroporto Santos Dumont (1936) e a Cidade Universitária (1952) também são expressões desse período. É dessa época também o Aterro do Flamengo (1965), uma das principais áreas de lazer da cidade, abrangendo 1,2 milhão de metros quadrados[4]. O Aeroporto Internacional do Rio de Janeiro (Tom Jobim), na Ilha do Governador, surge em 1977.

Manguezais resistem

Ainda hoje, demonstrando grande capacidade de superar todo tipo de adversidade, a baía abriga enorme ativo ambiental e econômico. Com 377 km² de área (Amador, 2012, p. 96), excluindo-se as ilhas, seu espelho d'água é fonte de toneladas de pescado por mês, e do maior bosque contínuo de manguezais do estado do Rio — localizado na Área de Proteção Ambiental (APA) de Guapi-Mirim, criada por decreto federal em 1984. Manguezais estes que desempenham importante papel na natureza. São elementos mantenedores de altas taxas de produtividade de águas estuarinas, por meio da reciclagem de nutrientes (Araújo e Maciel, 1979).

4. *Cf. http://www.rio.rj.gov.br/web/riotur/exibeconteudo?id=157258.*

O mangue na Guanabara abrange 60 km² somente dentro dos limites da APA de Guapi-Mirim, a região mais preservada, no nordeste da baía. Com base em estudos do Instituto Nacional de Pesquisas Espaciais (Inpe), o biólogo Maurício Muniz, chefe da Estação Ecológica da Guanabara (dentro da APA), estima que nos últimos 20 anos foram reflorestados 16 km² do bosque de mangue vermelho e branco com ações financiadas por contrapartidas ambientais. A vegetação atua como filtro natural e depurador das águas, aumentando a qualidade dos rios que desembocam na baía. Não por acaso, passam pela APA os rios mais limpos do ecossistema, como o Guapi-Macacu e o Guaraí.

O mar (ainda) está para peixe

Milhares de famílias vivem da pesca na Baía de Guanabara. Embora a perda de qualidade ambiental de suas águas, aliada ao aumento das zonas de exclusão de pesca, seja fator prejudicial à dinâmica da atividade econômica, a baía continua tendo uma rica biodiversidade. Segundo Marcelo Vianna, pesquisador da Universidade Federal do Rio de Janeiro (UFRJ), a baía conta com 247 espécies de peixes (de 87 famílias). Destas, 169 são teleósteos e sete são elasmobrânquios (arraias e tubarões). Outras 71 são teleósteos das desembocaduras dos rios que deságuam na baía (Vianna, 2017).

Pescadores na colônia de pesca do Gradim, em São Gonçalo, Rio de Janeiro.
FOTO: CUSTODIO COIMBRA©

OS PEIXES NA BAÍA DE GUANABARA

Ao todo foram encontradas **247 ESPÉCIES** de peixes na Baía de Guanabara, de **87 FAMÍLIAS**:

169
são teleósteos*

71
são teleósteos das desembocaduras dos rios que deságuam na baía

7
são elasmobrânquios

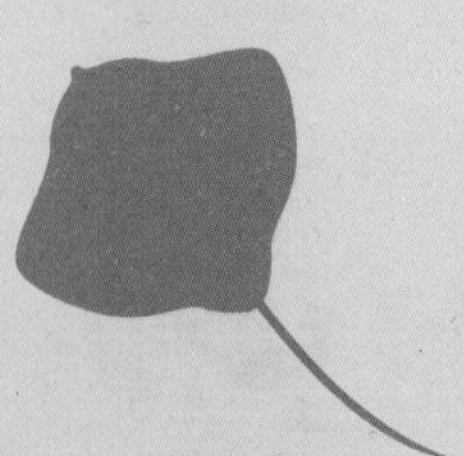

(*) subclasse de peixes que compreende quase todas as formas inteiramente ossificadas. Exemplos: carpa, solha, truta, sardinha, atum, bacalhau, linguado, cavala e enguia

A Região Metropolitana II — que inclui Itaboraí, São Gonçalo e Niterói — apresenta atividade pesqueira artesanal e industrial que representou 49,3% da produção estimada para o estado (13.181 toneladas) no período de julho a dezembro de 2017 (Fiperj, 2017). Os municípios de São Gonçalo e Niterói são os portos pesqueiros da frota industrial, responsáveis por 57,3% do volume desse segmento no estado. Os principais recursos pesqueiros da frota de traineira foram as sardinhas boca-torta e verdadeira, com produção estimada superior a duas mil toneladas cada na pesca industrial e a 200 toneladas na pesca artesanal por ano.

> A Guanabara tem uma dinâmica de troca de água com o mar aberto que favorece a vida marinha. Um canal central de corrente marinha, que vai da embocadura da baía até a Ilha de Paquetá, garante uma boa renovação de água. Nas palavras de Marcelo Vianna, "a Baía de Guanabara é cheia de vida, dinâmica e forte. Mas o sinal amarelo foi acionado e há muitas áreas na UTI. Mesmo assim, se elas forem dragadas e a água novamente circular ali, não dou cinco anos para voltarem a ser piscosas". (Motta, 2013)

Também é biodiversa a população de aves da Guanabara. Estudos publicados pela Petrobras em 2013 apontam a existência de 76 espécies (39 aquáticas e 37 terrestres). Ave de coloração avermelhada e bico característico, o colhereiro (*Ajaja ajaja*) é considerado sob ameaça de extinção e ainda pode ser avistado na bacia da Baía de Guanabara. Há também os visitantes que percorrem longas jornadas, como os maçaricos e batuíras (*Tringa solitaria*), que chegam em setembro e permanecem nos manguezais se alimentando e descansando até março/abril, quando retornam às regiões do Hemisfério Norte onde se reproduzem.

O mergulho de Ricardo

Ele está em casa: conhece a Guanabara como poucos cariocas. Em um ano e meio, fez mais de 40 expedições subaquáticas para registar tesouros submersos que muita gente julga não existir. Mas a baía revelada pelo biólogo e mergulhador Ricardo Gomes não é aquela tão castigada, sofrida, podre e poluída comumente mostrada mundo afora. Ao contrário, é um estuário com robalos, cavalos-marinhos, arraias, lulas, e até corais de um tipo parecido com os que existem na Amazônia. O impressionante material virou o documentário "Baía Urbana", aclamado no lançamento, na Conferência sobre Oceanos na ONU, em Nova Iorque, em junho de 2017. O diretor comenta:

> Eu via as reportagens falando apenas dos aspectos negativos, mas sempre soube que a baía não estava morta. Me surpreendeu demais a quantidade de raias. Fui na Praça Quinze, um lugar bem sujo, e encontrei espécies incríveis de raias-borboleta. E mais ainda, me surpreenderam os corais. Eu descobri um grupo da subclasse dos octocorais (ou corais moles, que apresentam oito tentáculos em seus pólipos) semelhante aos que foram descobertos na foz do Rio Amazonas. Só não vou falar o local exato, por enquanto. Vem um novo filme só sobre eles[5].

O trabalho que resultou no filme, de 73 minutos, foi bastante solitário. Volta e meia Ricardo se aventurava em mergulhos noturnos, partindo da Urca, do Flamengo e de Botafogo. O foco de sua expedição foram as regiões mais voltadas ao mar aberto, após a Ponte Rio-Niterói — o fundo da Guanabara oferecia condições negativas ao mergulho, pela turbidez da água. Ele avisava à mulher que, se demorasse a voltar, acionasse o Corpo de Bombeiros. Não precisou, ainda bem. O mergulhador chegou a desbravar 15 metros abaixo da superfície:

5. *Entrevista ao autor em 17 de janeiro de 2018.*

MÁRIO MOSCATELLI
Biólogo que tem atuado em grandes projetos de recuperação de manguezais, tanto na Baía de Guanabara (em Duque de Caxias) quanto no entorno das lagoas de Jacarepaguá e Barra e da Lagoa Rodrigo de Freitas (Zona Sul do Rio).

Eu quis mostrar esse lado, apresentar uma visão diferente da propagada pelo (biólogo) Mário Moscatelli, a quem respeito muito. Minha postura é, de certa forma, uma antítese do Moscatelli, mas com a ideia de ajudá-lo. Ele sozinho replantou o mangue da Lagoa Rodrigo de Freitas. Com 100 Moscatellis, mudaríamos a cidade.

Ricardo pretende continuar remando contra a maré, para revelar novas maravilhas escondidas. Em suas expedições, o biólogo já descobriu que a Guanabara é a quinta baía do mundo em ocorrência de elasmobrânquios (tubarões e arraias), e não a sexta, como apontam especialistas.

Fundei um instituto (Mar Urbano) e continuarei a filmar. Minha esperança é que as pessoas consigam entender que estamos intrinsicamente conectados aos oceanos. Entender a Baía de Guanabara é entender os problemas dos oceanos. Quero trazer a discussão das mudanças climáticas para o local que a gente vive.

Registro de Ricardo durante seus mergulhos na Baía de Guanabara.
FOTO: RICARDO GOMES©

Joias arquitetônicas

Construções históricas como a Fortaleza de Santa Cruz, em Niterói, considerada um dos mais valiosos exemplares da arquitetura militar luso-brasileira, fazem parte da paisagem da baía. Suas águas refletem séculos de invasões, resistências e batalhas sangrentas. São 12 fortificações — excluindo da conta aquelas voltadas ao mar aberto, como o Forte de Copacabana — que ajudam a contar a história do Brasil e as influências francesas e inglesas em nossa cultura. Como vimos, o Forte Coligny (hoje Ilha de Villegagnon, onde funciona a Escola Naval, ao lado do Aeroporto Santos Dumont), antes mesmo do domínio português, representou o sonho dos franceses de fundarem nos trópicos a França Antártica.

A fundação da cidade de São Sebastião do Rio de Janeiro está intimamente ligada à Fortaleza de São João, na Urca, formada pelos fortes-redutos de São Martinho, São Teodósio, São José e São Diogo. Foi ali que, em 1565, Estácio de Sá desembarcou com sua tropa numa praia entre o Pão de Açúcar e o Morro Cara de Cão, para reintegrar a ocupação territorial de Portugal, levantando um fortim.

Segundo o historiador e pesquisador do Iphan Adler Homero Fonseca de Castro, especialista em armamento militar, durante as batalhas da Independência do Brasil, de 1822 a 1826, chegaram a existir 80 fortes no Rio e em Niterói, embora a maior parte dessas construções fossem provisórias ou mal construídas, como a Bateria do Engenho da Serra. Em relação à miscelânea de estilos, Adler afirma:

6. *Entrevista ao autor em novembro de 2015.*

7. *Disponível em: http://www.cml.eb.mil.br/index.php/fortes-e-fortalezas.*

O complexo de São João (na Urca) é muito interessante por ter um traçado italiano (o tipo de fortificação padrão entre 1530 e 1870). Quando falamos em fortificações mais modernas, a Santa Cruz (em Niterói) é relevante, por ter trechos que vão do século XVI até o XX, com as magníficas casamatas feitas por causa do risco de guerra com a Inglaterra, em 1863. Em termos de arquitetura militar mundial moderna, do final do século XIX e início do XX, Copacabana (em mar aberto) é um forte excepcional, único no mundo do tipo. Com ela, o Rio era a cidade mais bem defendida da América Latina[6].

Fortificações no interior da Baía de Guanabara

FORTIFICAÇÃO	LOCAL	ANO DE CONSTRUÇÃO E REFORMA
FORTALEZA DE SÃO JOÃO	RIO	1565, REFORMADA EM 1618
FORTE DA LAJE	RIO	1555 (COM O NOME DE RATIER), RECONSTRUÍDA EM 1716
FORTALEZA DA CONCEIÇÃO	RIO	1715
FORTE DE SÃO TIAGO DA MISERICÓRDIA	RIO	1568/1603
FORTE DE VILLEGAGNON	RIO	1555/1777
FORTE DA ILHA DAS COBRAS	RIO	1696/1765
FORTALEZA DE SANTA CRUZ	NITERÓI	1555, MELHORADA EM 1567 E REINAUGURADA EM 1612
FORTE DO IMBUHY	NITERÓI	1863, MAS REINAUGURADO EM 1901
FORTE BARÃO DO RIO BRANCO	NITERÓI	1567
FORTE DO PICO	NITERÓI	1567
FORTE DE GRAGOATÁ	NITERÓI	1696
FORTE DA BOA VIAGEM	NITERÓI	1698

FONTE: Site do Comando Militar do Leste/Exército Brasileiro[7] e historiador Adler Homero

Imponentes formações rochosas, como o Morro do Pão de Açúcar, o Cara de Cão e o Corcovado, conferem à baía um cenário único no mundo. Museus com linhas contemporâneas fazem o elo de tempos pretéritos e futuros, como o Museu de Arte Contemporânea (MAC), projetado por Oscar Niemeyer, em Niterói, o Museu de Arte do Rio (MAR) e o Museu do Amanhã, ambos na Praça Mauá.

A lista de bens tombados inclui o espelho d'água da enseada de Botafogo (decreto municipal de 1988) e o restaurante Albamar, sede do antigo mercado municipal da cidade, inaugurado por Pereira Passos em 1908[8]. Em estilo neogótico, a Ilha Fiscal, tombada pelo Instituto Estadual do Patrimônio Cultural (Inepac) e conhecida por receber o último baile do Império, em 15 de novembro de 1889, é outra atração aberta à visitação.

A bacia hidrográfica da Baía de Guanabara acompanha o ritmo da segunda maior área metropolitana do Brasil, terceira maior da América do Sul e vigésima maior do mundo. No entorno de canais, rios e riachos que drenam para a Guanabara vivem 8,4 milhões de habitantes em 16 cidades. Na região, que contribui fortemente para a economia nacional, estão concentradas 700 instalações petrolíferas importantes, como a Refinaria Duque de Caxias (Reduc), inaugurada em 1961 e responsável por bilhões ao ano em impostos pagos ao governo.

O Complexo Petroquímico do Estado do Rio de Janeiro (Comperj), embora tenha sofrido drástica mudança de planejamento operacional, emprega atualmente cerca de 4,5 mil trabalhadores[9], contingente que tem caído vertiginosamente com a crise econômica que se iniciou em 2015 e a desmobilização dos canteiros de obra.

8. *Cf. Guia do patrimônio cultural carioca, 2008.*

9. *Vèr reportagem do autor no jornal "O Dia" de 24 de agosto de 2015.*

FORMAÇÃO GEOLÓGICA
Há
7 MIL ANOS

4 MIL KM²

BACIA DE DRENAGEM
O tempo médio de renovação de 50% do volume de suas águas é de **12 DIAS**

11,3 MILHÕES DE PESSOAS

POPULAÇÃO DO ENTORNO
Vivendo em 16 municípios. Dessas, **8,4 MILHÕES** estão na bacia hidrográfica da Guanabara

PROFUNDIDADE **1m** A **20m**

INDÚSTRIAS
14 MIL

143 **RIOS E CÓRREGOS**
Os de maiores vazões são o Macacu e o Caceribu

MAIOR EXTENSÃO EM LINHA RETA
36km
entre a ponta de Copacabana e a foz do Rio Magé

EXTENSÃO DO ESPELHO D'ÁGUA
377 KM²

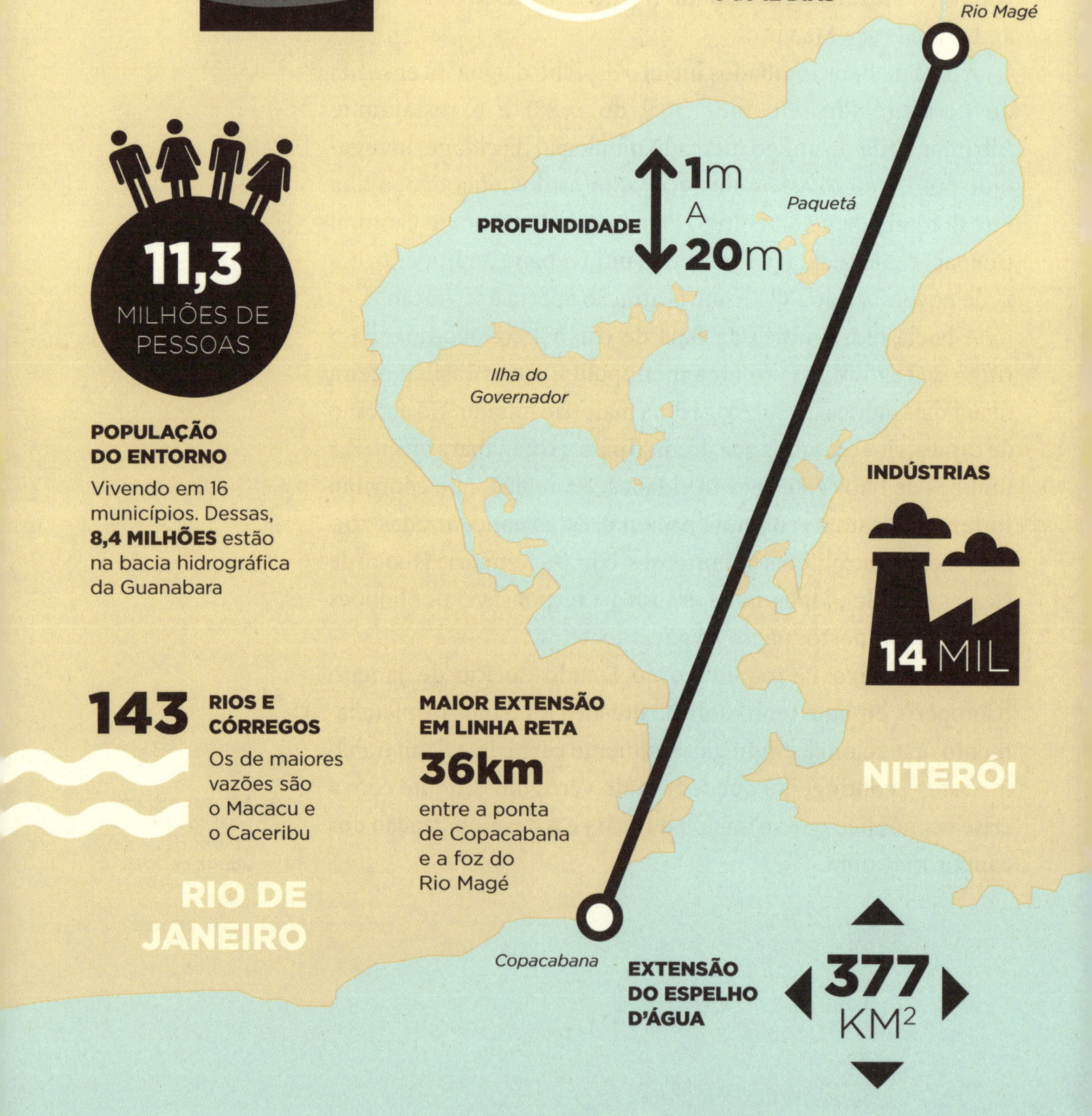

FLORA E FAUNA

BOTOS-CINZA
(SOTALIA GUIANENSIS)

800 NA DÉCADA DE 1970 | **30** EM 2021

TARTARUGAS-VERDE
(CHELONIA MYDAS)

43%
das tartarugas da Praia de Itaipu sofrem com a doença fibropapilomatose, um tipo de herpesvírus

CAVALOS-MARINHOS
OBSERVADOS POR BIÓLOGOS

297
EM 2014

6
EM 2018

FONTES: AMADOR (2002), Petrobras (2013), Fundação Instituto de Pesca do Estado do Rio de Janeiro (Fiperj), Instituto Estadual do Ambiente e Instituto de Geociências da UFF

OCEANO ATLÂNTICO

A diversidade da fauna é uma das características marcantes da Baía de Guanabara. FOTO: CUSTODIO COIMBRA©

Tamanha importância econômica, social e ambiental sempre esteve ligada às belezas naturais, a marca internacional do Rio de Janeiro. Em julho de 2012, a Unesco colocou as "Paisagens Cariocas entre a Montanha e o Mar" na lista de patrimônios mundiais. No Rio, explica um texto no site da entidade, a simbiose entre a cidade e a paisagem é única, ainda mais marcante do que os valores do sítio histórico em si, dos monumentos e da arquitetura[10].

Ancorado nas belezas da Guanabara, o gigantesco e impressionante capital ambiental carioca tem ajudado a impulsionar um número cada vez maior de visitantes à cidade. Dados da Secretaria de Estado de Turismo do Rio de Janeiro (Setur-RJ) dão a dimensão desse redescobrimento da paisagem por estrangeiros e brasileiros. O Pão de Açúcar e o Corcovado, para ficarmos apenas em casos mais emblemáticos de espaços indissociáveis da dinâmica da baía, receberam 3,44 milhões de visitantes em 2019[11], um ano antes da pandemia do novo coronavírus.

10. *Com o Rio, o Brasil passa a ter 19 sítios na Lista do Patrimônio Mundial da Unesco. Disponível em: http://www.unesco.org/new/pt/brasilia/about-this-office/single-view/news/rio_becomes_the_19th_brazilian_site_in_the_world_heritage_list_of_unesco#.VaeW3KRViko.*

11. *Cf. Anuário estatístico de 2014 da Secretaria de Estado de Turismo do Rio de Janeiro (Setur-RJ).*

A baía verdejante: as unidades de conservação

A região da bacia da Baía de Guanabara é contemplada com 27 unidades de conservação municipais, estaduais e federais. No espelho d'água são duas: a APA de Guapi-Mirim e a Estação Ecológica (Esec) Guanabara, nas quais a pesca é controlada. Além disso, a baía é considerada Área de Preservação Permanente e Área de Relevante Interesse Ecológico pela Constituição estadual e pela Lei Orgânica da cidade do Rio de Janeiro, respectivamente.

A garantia da oferta de água para 1,7 milhão de moradores da região Leste Fluminense (São Gonçalo, Itaboraí e Niterói) vem dos rios Guapiaçu e Macacu, que estão na bacia da Guanabara. A preservação das matas e dos mangues é fundamental para o funcionamento do sistema Imunana-Laranjal, operado pela Cedae, que vive sob constante estresse hídrico. Os motivos vão desde a precária gestão no controle de perdas na distribuição à ausência de reservatórios capazes de regularizar a vazão dos rios.

Esta região é protegida pela APA do Rio Macacu, criada em 5 de dezembro de 2002 por lei estadual, abrangendo 19,5 hectares. A bacia do Rio Macacu se destaca por reunir uma quantidade expressiva de peixes nativos, podendo ser apontada como o principal bolsão de biodiversidade da Guanabara.

A unidade de conservação mais recente na bacia hidrográfica é a APA do Alto Iguaçu, na Baixada Fluminense, criada em 15 de janeiro de 2013, por decreto estadual. O objetivo da criação é que a APA, com seus 22 mil hectares, sirva de "tampão", freando a ocupação desordenada dos terrenos na região de influência do Arco Metropolitano.

Ainda na região do fundo da baía, uma área protegida de destaque é o Parque Municipal Barão de Mauá, cujo idealizador e defensor foi o ambientalista Alfredo Sirkis (1950-2020). O parque, de gestão do município de Magé, ilustra um ganho ambiental decorrente de uma contrapartida ambiental da

Petrobras (resultante do grave acidente de derramamento de óleo em 2000, como veremos a seguir). Ao lado de Rogério Rocco e Mário Moscatelli, Sirkis, tragicamente morto num acidente de carro em julho de 2020, exerceu papel fundamental para a consolidação do parque, detentor, nos últimos anos, de novas áreas de manguezais e projetos de educação ambiental.

O transporte marítimo na Guanabara

As águas da Guanabara refletem riquezas arquitetônicas, abrigam enorme biodiversidade, mas também servem de travessia para muitos moradores da Região Metropolitana. O uso da baía para a navegação remete aos tempos do Império, quando Dom Pedro II, em meados do século XIX, costumava viajar de barco a vapor entre o Cais dos Mineiros (nas proximidades da Praça Mauá) e a Praia de Mauá, em Magé. De lá, o imperador seguia de trem rumo a Raiz da Serra pela primeira estrada de ferro do Brasil, construída por Irineu Evangelista de Souza, o Barão de Mauá (1813-1889).

A Estrada de Ferro Mauá permitiu a integração das modalidades de transporte aquaviário e ferroviário, introduzindo a primeira operação intermodal do país. A empresa do Barão de Mauá, que operava os serviços hidroviário e ferroviário, denominava-se Imperial Companhia de Navegação a Vapor e Estrada de Ferro Petrópolis[12].

Em 2020, com o país enfrentando os duros efeitos da pandemia do coronavírus, diariamente viajaram 22,18 mil passageiros em barcas que cruzam a baía nas três linhas de transporte hidroviário que ligam o Rio a Niterói e às ilhas do Governador e de Paquetá. O número vem caindo nos últimos anos (em 2014 foram 77,9 mil passageiros/dia), com a concessionária privada CCR Barcas tendo anunciado, no fim de 2015, interesse em parar de explorar o serviço. A linha Charitas-Praça Quinze foi paralisada e, em agosto de 2021, não tinha previsão de retorno.

12. *Disponível em: http://www1.dnit.gov.br/ferrovias/historico.asp.*

FOTO: AF RODRIGUES©

Em fevereiro de 2023, a licitação com a CCR Barcas vai vencer. O sistema carrega menos de 5% do total de passageiros transportados pelo transporte intermunicipal marítimo e rodoviário.

Desde 1835 embarcações a vapor já circulavam regularmente realizando o percurso Rio-Niterói, configurando uma inicial relação entre a população da capital do Império e as povoações da "banda d'além" (Pacífico, 2010, p. 7). Naquele ano, a Sociedade de Navegação de Nictheroy passou a operar com três barcas que trafegavam de hora em hora, com capacidade para 250 passageiros, no período das seis da manhã às seis da tarde.

Em 1967 o governo federal criou o Serviço de Transportes da Baía de Guanabara — STBG S.A, que realizava entre Rio e Niterói

TRANSPORTE AQUAVIÁRIO NA BAÍA DE GUANABARA

- Desde 1835 embarcações a vapor já circulavam regularmente na Baía, realizando o percurso Rio-Niterói[13].
- O sistema operado pela CCR Barcas leva 3,1% do total de passageiros transportados pelo transporte intermunicipal marítimo e rodoviário.
- Em 1998, o sistema foi privatizado e o consórcio de empresas Barcas S/A assumiu o controle acionário da Cia de Navegação do Estado do Rio de Janeiro (Conerj) sob regime de concessão por 25 anos, renováveis.
- Em 2012, o Grupo CCR Barcas assumiu sozinho a concessão, sem licitação, adquirindo 80% das ações da empresa.
- A CCR Barcas é a quarta maior operação de transporte aquaviário de passageiros no mundo[14].
- A concessionária tem 24 embarcações com 1.100 colaboradores[15].
- Mais de 20 mil pessoas ouvidas em uma pesquisa demonstraram insatisfação com o serviço oferecido pelas Barcas[16].
- Das nove barcas tradicionais que fazem os trajetos, uma foi construída no anos 1950, quatro nos anos 1960, duas no anos 1970 e três no anos 1980[17].
- Estudo da Firjan, divulgado em 2015, propõe 11 ligações na Baía que poderiam tirar cem mil carros das ruas do Rio[18].

ACIDENTES

JULHO DE 2015
A barca Boa Viagem colidiu em uma mureta da estação da Praça XV, quando levava 900 pessoas, deixando 15 passageiros feridos. Um Termo de Ajuste de Conduta (TAC) foi feito para viabilizar o pagamento de indenizações aos feridos[21].

MAIO DE 2015
A barca Vital Brazil, construída em 1962, colidiu com um píer flutuante ao chegar na plataforma de Cocotá, Ilha do Governador, zona Norte do Rio. Mais de 700 passageiros ficaram presos na embarcação por mais de duas horas aguardando socorro. O consórcio responsável foi multado em cerca de R$ 400 mil.

NOVEMBRO DE 2011
O catamarã Gávea I, que transportava 907 passageiros, colidiu duas vezes com um píer desativado na Praça XV, deixando 55 pessoas feridas. A concessionária Barcas S/A informou que, com o impacto da batida, algumas cadeiras se quebraram ou se soltaram[22].

- A implantação da linha de Barcas São Gonçalo x Praça XV é uma reivindicação antiga, promessa dos governadores nas três últimas eleições e que poderia aliviar o trânsito no Centro de Niterói, na Ponte Rio-Niterói e nos acessos do Gasômetro e Rodrigues Alves. Não há previsão para a inauguração da nova linha[19].
- Segundo a CCR, a grande quantidade de lixo na baía interfere no tempo de viagem. Em épocas de chuvas, a quantidade de lixo flutuante chega a triplicar, provocando quebra de peças e aquecimento de motores das embarcações[20].

13. *Pacífico, 2010.*
14. *Disponível em: http://www.grupoccr.com.br/barcas. Acesso em 10 de março de 2016.*
15. *Idem.*
16. *Disponível em: http://radios.ebc.com.br/ecos-da-terra-genero-e-sustentabilidade/edicao/2016-02/populacao-e-movimentos-demonstram. Acesso em 12 de março de 2016.*
17. *Disponível em: http://g1.globo.com/rio-de-janeiro/noticia/2015/08/ligacoes-hidroviarias-tirariam-das-ruas-do-rio-cem-mil-carros-diz-firjan.html. Acesso em 20 de março de 2016.*
18. *Disponível em: http://g1.globo.com/rio-de-janeiro/noticia/2015/08/ligacoes-hidroviarias-tirariam-das-ruas-do-rio-cem-mil-carros-diz-firjan.html. Acesso em 20 de março de 2016.*
19. *Disponível em: http://paneladepressao.nossascidades.org/campaigns/622. Acesso 07 de março de 2016.*
20. *Disponível em: http://www.grupoccr.com.br/barcas. Acesso em 10 de março de 2016.*
21. *Disponível em: http://g1.globo.com/rio-de-janeiro/noticia/2015/07/apos-acidente-no-rio-passageiros-de-barca-podem-ser-indenizados.html e http://noticias.r7.com/rio-de-janeiro/estado-assina-termo-que-garante-indenizacao-a-vitimas-de-acidente-em-barca-na-praca-xv-17072015. Acesso em 10 de março de 2016.*
22. *Disponível em: http://m.folha.uol.com.br/cotidiano/2011/11/1013417-acidente-com-catamara-deixa-55-feridos-no-rio-11-ficam-internados.shtml?mobile; http://ultimosegundo.ig.com.br/brasil/rj/bombeiros-confirmam-55-feridos-em-acidente-com-barca-no-rio/n1597387593513.html. Acesso em 15 de março de 2016.*

o transporte de passageiros, cargas e veículos. Era uma sociedade de economia mista que controlava o sistema de transporte aquaviário na baía. No entanto, dez anos depois (1977), após a construção da Ponte Rio-Niterói (que implicou forte queda no número de passageiros) e da fusão entre o antigo estado da Guanabara e o estado do Rio, a empresa passou para o controle do governo estadual, com o nome de Companhia de Navegação do Estado do Rio de Janeiro (Conerj).

Em fevereiro de 1998, por iniciativa do governo do estado (gestão Marcello Alencar), um consórcio de empresas privadas assumiu o controle acionário da Conerj, sob regime de concessão por 25 anos renováveis, dando origem à Barcas S/A.

A promessa de um sistema mais seguro e eficiente, no entanto, dissipou-se rapidamente. Em 2007, por orientação da Capitania dos Portos, o governo chegou a proibir que cinco embarcações em péssimo estado navegassem até que reparos fossem feitos (Alencar, 2012). Num dos episódios mais graves, em novembro de 2011, o catamarã Gávea I chocou-se contra um píer da Praça Quinze, deixando 54 feridos.

A má qualidade do serviço prestado foi objeto de uma Comissão Parlamentar de Inquérito (CPI) na Assembleia Legislativa do Rio de Janeiro (Alerj), em dezembro de 2008. O relatório final, de junho de 2009, recomendou a volta da linha da madrugada no trecho Rio-Niterói e a construção da estação de São Gonçalo. Nenhuma das sugestões saiu do papel. Em 2012 o Grupo CCR assumiu a concessão, adquirindo 80% das ações da empresa.

QUANDO O PASSADO ENVERGONHA: A PASSAGEM DO "HOLOCAUSTO NEGRO"

A Baía de Guanabara foi testemunha de um passado que nos envergonha. Hoje localizado a poucos metros do espelho d'água, o Cais do Valongo, na Gamboa, região portuária do Rio, foi o ponto de desembarque de 706 mil escravos entre 1790 e 1830 (Pereira, 2014, p. 105). Um marco da diáspora africana, que reflete o "holocausto negro", e uma história que apenas recentemente ganhou a atenção necessária da sociedade. Em 20 de novembro de 2013, Dia da Consciência Negra, o Cais do Valongo foi alçado a patrimônio cultural da cidade do Rio de Janeiro, por meio do Instituto Rio Patrimônio da Humanidade (IRPH), ligado à prefeitura.

"Não existe no continente nenhum monumento, nenhum lugar de memória com a força simbólica e histórica do Cais do Valongo", afirma o antropólogo e fotógrafo Milton Guran[23], acrescentando que a cidade do Rio de Janeiro — e, consequentemente, a Guanabara —, em quase quatro séculos de escravidão, recebeu, sozinha, cerca de 20% de todos os africanos escravizados que chegaram vivos às Américas.

Por sua importância histórica, o cais recebeu o título de Patrimônio da Humanidade pela Unesco. O reconhecimento saiu em novembro de 2018. Voltando à história, em 1831 o Valongo foi fechado, quando o tráfico transatlântico foi proibido por pressão da Inglaterra. A norma, porém, foi solenemente ignorada e recebeu a denominação irônica de "lei para inglês ver". O historiador Júlio César Medeiros da Silva Pereira, diretor do Instituto de Pesquisa e Memória Pretos Novos (IPN), reforça que a chegada de escravos continuaria incessantemente até meados do século XIX: "O maior montante do tráfico negreiro se deu após 1830, ou seja, no período em que o tráfico tornou-se ilegal. E daí transcorreu até 1850. Não mais pelo Valongo, mas ao longo da costa do Rio de Janeiro"[24].

23. Entrevista ao autor em janeiro de 2016.

24. Entrevista ao autor em março de 2016.

ILHA DO SOL

Numa ilha nas proximidades de São Gonçalo, a dançarina e nudista capixaba Dora Vivacqua, conhecida como Luz del Fuego, fundou o primeiro reduto naturalista da América Latina, em 1954. De acordo com a biógrafa Cristina Agostinho, em seu livro “Luz del Fuego: a bailarina do povo”, na colônia havia regras rígidas: era proibido levar bebidas alcoólicas, falar palavrões ou praticar sexo. Para que essas regras fossem fielmente cumpridas ela se portava como um cão de guarda. Várias personalidades do cinema de Hollywood estiveram na ilha à época, como Ava Gardner, Brigitte Bardot e Steve McQueen. Sempre lembrada por sua dança sensual com uma serpente enrolada junto ao corpo nu, Luz del Fuego teve uma morte trágica: seu corpo foi encontrado, juntamente com o de um vigia da ilha, no fundo da Baía da Guanabara, a menos de cem metros da Ilha do Sol, em julho de 1967. Um pescador admitiu o crime, praticado por vingança.

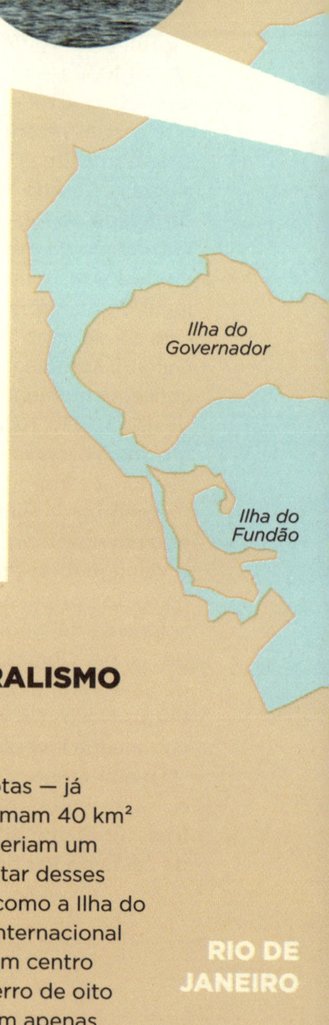

ILHAS DE INOVAÇÕES: DO NATURALISMO À FÁBRICA DE AVIÕES

A Baía de Guanabara é salpicada por ilhas e ilhotas — já foram mais de 80 e hoje são mais de 40, que somam 40 km² de superfície (Coelho, 2007, p. 39) — que mereceriam um livro à parte. São muitas as histórias para se contar desses pedaços de terra que incluem bairros cariocas, como a Ilha do Governador, onde está localizado o Aeroporto Internacional Antônio Carlos Jobim; a Ilha de Paquetá; e até um centro universitário, a Ilha do Fundão, formada pelo aterro de oito ilhas menores de 1949 a 1952. Fiquemos aqui com apenas alguns exemplos de ilhas menos faladas no cotidiano, mas nem por isso menos dignas de registro.

FOTOS:
NATURA TATI
(Ilha do Sol);
DIEGO BARAVALLI
(Ilha Brocoió);
O CRUZEIRO
(Fábrica de Aviões na Iha do Viana, 1941).

ILHA BROCOIÓ

Outra ilha que ganhou notoriedade é a Brocoió, que abriga um belo palácio construído na década de 1930, com projeto do francês Joseph Gire,o mesmo do Copacabana Palace. O Palácio de Brocoió serve de residência de veraneio para o governador do estado do Rio, mas suas dependências não são usadas há bastante tempo. Nos últimos anos, depois que a gestão Sérgio Cabral (PMDB) — 2007 a 2014 — anunciou que abriria a casa para visitação, foi gasto R$ 1 milhão numa reforma, R$ 298 mil num projeto de restauração e R$ 755 mil com a obra. Mas a prometida casa-museu nunca saiu do papel (Amorim, 2015).

ILHA DO VIANA

Vizinha a Mocanguê, em Niterói, a Ilha do Viana foi uma das propriedades do industrial Henrique Lage (1881-1942) e abrigou, durante a Segunda Guerra Mundial, a Fábrica Brasileira de Aviões. Foi de lá que saiu o Muniz M-7, primeiro avião brasileiro fabricado em série. O aparelho deslocava-se a uma velocidade máxima de 190 km/h e chegou a fazer, em 1936, o trecho Rio-São Paulo em 2 horas e 40 minutos (Ribeiro, 2007, p. 72).

A DEGRADAÇÃO NOSSA DE CADA DIA

EM SEUS REGISTROS, ANTHONY KNIVET (1560-1649), um aventureiro inglês que veio ao Brasil colonial acompanhado por piratas e terminou abandonado no país entre índios e colonos, sempre expressou uma visão crítica dos dominadores portugueses. Ao chegar ao Rio em 1592, 27 anos após a fundação da cidade por Estácio de Sá, ele presenciou uma relação conflituosa do homem com o ecossistema. Era preciso dominar a natureza, as enchentes (qualquer semelhança com os dias atuais não é mera coincidência), e impor as condições para a perseverança da colônia. Por todos os lados partiam propostas para aterrar manguezais, tidos como ambientes insalubres, propulsores de doenças.

Como toda ação gera reação, os primeiros movimentos destinados à proteção ambiental não tardaram. No século XVII, jesuítas encampavam movimentos de defesa dos manguezais. À época, relata o historiador e pesquisador Nireu Cavalcanti[25], a população tinha o hábito de pegar mariscos e madeiras do mangue, cujas varas eram exportadas para os parreirais de Portugal. Obtiveram êxito e conseguiram frear a dilapidação do patrimônio ecológico. Porém, em 1759, quando o rei de Portugal D. José I determinou a expulsão dos jesuítas de todos os domínios portugueses, a exploração voltou.

A expansão da cidade num ritmo alucinante, principalmente no século XIX, durante o ciclo do café, turbinou o histórico de degradação. Num intervalo de tempo de apenas 11 anos, a população quase dobrou, passando de 137.038, em 1838, para 266.466

25. Entrevista ao autor em setembro de 2015.

em 1849 — 110.602 escravizados e 155.864 livres (Mattos, 2004, p. 32). A população do Rio era de cerca de 50 mil em fins do século XVIII, ascendeu a 150 mil no advento de Pedro II, a mais de 500 mil no fim do seu reinado e a quase 700 mil já no início do século XX.

No século XIX, o Rio de Janeiro já padecia com graves passivos em esgotamento sanitário. Nireu Cavalcanti relata que os cariocas jogavam as fezes em várias praias da baía. Um hábito que, se hoje nos causa repulsa e indignação, era trivial e aceito à época:

> A cidade, na época de Dom Pedro II, tinha cerca de 140 mil habitantes. Com o adensamento de todos os bairros, e sem o tratamento de esgoto, os rios passaram a receber quantidades cada vez maiores de esgotos. Tudo ia parar na baía. Na Rua Santa Luzia (Centro) havia um matadouro, que funcionou até 1840, foco de dejetos de animais. Outro foco de poluição era a Ponta da Armação, em Niterói. No final do século XIX, com a grande industrialização do Rio, metais pesados passaram a ser despejados em enorme quantidade na baía[26].

O relato do escritor Joaquim Manuel de Macedo em "Memórias da Rua do Ouvidor" é expressivo. Ele retrata a triste rotina de escravos chamados de "tigres", que nesse tempo carregavam barris lotados de dejetos. O destino daquele líquido repugnante? A Baía de Guanabara.

> Então o mais fétido e nauseabundo despejo das casas se fazia em barris não tampados que escravos e negros do ganho levavam ao mar, e a Rua do Ouvidor, de fácil e reta comunicação com a praia, era uma das mais frequentadas pelos condutores dos repugnantes barris, das oito horas da noite até as dez. (1952, p. 99)

26. Entrevista ao autor em setembro de 2015.

A percepção da sociedade carioca no século XIX, durante o Império, era que o esgoto não seria capaz de causar problemas à saúde. As instalações de fossas em terrenos, o adensamento urbano, e os despejos de esgoto seguiam em marcha ascendente. Nada era acompanhado com a devida preocupação pelas autoridades. Inaugurada em 1864, depois que Dom Pedro II mandou estudar o projeto dos esgotos sanitários e pluviais na Inglaterra, a Estação de Tratamento de Esgotos da Glória, localizada na Rua do Russel, passou a tratar o esgoto da região central da cidade, mas não havia controle de qualidade da água. Era um estágio muito inicial de tratamento. A baía passava a receber mais quantidade de matéria orgânica e elementos altamente poluentes.

No início do século XX, o presidente Rodrigues Alves (mandato de 1902 a 1906) comandou a maior transformação geográfica da baía, com o aterramento de uma área de 5 km^2, o equivalente a cinco áreas do Parque do Flamengo[27]. A região central da cidade ganharia um moderno porto (inaugurado em 1910), novas vias expressas e muito concreto no lugar de brejos e áreas alagadas. Os contornos da Guanabara seriam alterados profundamente, assumindo as formas que podemos observar atualmente.

Uma boa fonte para mensurar os efeitos da urbanização na baía é a destruição de seus bosques de manguezais. Até 1500, quando os colonizadores chegaram à região, os manguezais ocupavam uma superfície aproximada de 261,9 km^2 da orla, da faixa da foz do Rio Berquó, no bairro da Zona Sul carioca de Botafogo, à Lagoa de Itaipu, na Região Oceânica de Niterói (Amador, 2012, p. 373). Hoje, a área remanescente é de 81,1 km^2, sendo que 95% desse território está dentro dos limites da APA de Guapi-Mirim.

OS MANGUEZAIS AO LONGO DO TEMPO[28]

	1500	2020
ÁREA DE OCUPAÇÃO	261,9 KM^2	81,1 KM^2

27. *Informações do arquiteto e urbanista Augusto Ivan de Freitas Pinheiro, em março de 2016.*

28. *Pires, 2010, p. 2.*

FOTO: CUSTÓDIO COIMBRA©

Baía de petróleo e esgoto

Já no século XX, as fábricas de beneficiamento de sardinha no entorno da baía impõem um grande foco de poluição. A falta de qualidade ambiental na Guanabara se acelerou a partir de 1940, com o crescimento populacional acompanhado de uma voraz industrialização. A proteção aos recursos naturais ainda não era uma pauta da sociedade — a Fundação Estadual de Engenharia do Meio Ambiente (Feema) só foi criada em 1975. O complexo industrial da Refinaria Duque de Caxias, em operação desde 1961, garantiu inegáveis e importantes avanços econômicos ao país, mas também implicou perdas ambientais com os episódios de vazamento de óleo e de efluentes industriais.

Em dezembro de 2011, laudo da Polícia Federal constatou o despejo de hidrocarbonetos, óleos e graxas pela Reduc no Rio Iguaçu, que desemboca na Guanabara, em quantidades acima do permitido pela legislação. Esse crime ambiental fez com que em outubro daquele ano um Termo de Ajustamento de Conduta (TAC) fosse assinado pela Reduc e pelo Instituto Estadual do Ambiente (Inea), estabelecendo R$ 1 bilhão em investimentos para acabar com falhas nos tratamentos de efluentes e modernizar suas instalações até 2016.

Em abril de 2021, a refinaria da Petrobras ainda estava devendo o cumprimento de alguns pontos do TAC, de acordo com informações do Inea. As ações estavam previstas para terminar em fevereiro de 2017. Entre as medidas ainda não totalmente implantadas estão a conclusão de um sistema de adequação de drenagens e o tratamento biológico do efluente oleoso.

Os episódios pretéritos não jogam a favor da Reduc quando o assunto é sustentabilidade. De acordo com o inquérito civil do Ministério Público à época, a refinaria deixou de notificar a Agência Nacional do Petróleo e o Ibama sobre um outro vazamento, ocorrido em abril de 2011, impedindo a ação fiscalizadora de ambos os órgãos. O coordenador das atividades de mamíferos aquáticos da Universidade do Estado do Rio de Janeiro (Uerj), José Lailson Brito, critica a total falta de regulação e controle das atividades petrolíferas na Guanabara:

> O pré-sal elegeu a Baía de Guanabara como o centro de operações. Há vários terminais, estaleiros, em virtude da indústria do petróleo, e uma pressão para aumentar as áreas de fundeio (de embarcações), algo completamente absurdo, como em áreas próximas às de proteção ambiental. (Villela, 2015)

O pesquisador faz referência à exploração de petróleo em camadas profundas do oceano, e o desdobramento dessa atividade da Petrobras na rotina da Guanabara. A baía serve de testes para plataformas de exploração da estatal que operam nas bacias de Santos e Campos. Descoberta em 2006 na faixa litorânea entre Santa Catarina e Espírito Santo, a existência de óleo e gás em camadas de cinco mil a sete mil metros de profundidade abaixo do nível do mar foi anunciada como uma grande conquista do Brasil.

As reservas ficam a uma distância de 300 quilômetros da região Sudeste, que concentra 55% do Produto Interno Bruto (soma de toda a produção de bens e serviços) do país. A área total da província do pré-sal (149 mil km^2) corresponde a quase três vezes e meia o estado do Rio de Janeiro. A Petrobras informou, em janeiro de 2021, a descoberta de hidrocarboneto em um poço pioneiro do bloco C-M-411, localizado no pré-sal da Bacia de Campos. Os dados do poço estão sendo analisados, informou a estatal, operadora do bloco com a Exxon (Petrobras, 2021).

Navios abandonados, um problema de décadas

Parte da paisagem imposta pelo homem na Guanabara, as embarcações abandonadas — cascos soçobrados, no jargão técnico — representam um problema (outro) de solução sempre adiada. Ainda em 2010, o Governo Federal anunciou a inauguração do Integrado de Pesca Artesanal (Cipar) de Niterói, às margens da baía, no bairro do Barreto. Seria o início do fim dos problemas, com a retirada das carcaças e garantia de guarida aos pescadores. Nada aconteceu.

Em dois leilões, realizados em junho e em novembro de 2013, foram arrematadas 29 embarcações abandonadas. Os dois arrematantes solicitaram prorrogação do prazo de execução várias vezes e desistiram do serviço antes de retirar todas as carcaças. Nem todas se mostravam lucrativas para ferros-velhos ou siderúrgicas, e o trabalhou naufragou.

Depois de inúmeras tentativas, o cenário dos contornos de Niterói e São Gonçalo segue inalterado: apenas a construção do entreposto pesqueiro está erguida, sem operação. Na Baía de Guanabara de 2021, 78 embarcações ainda jazem ao relento, segundo a Capitania dos Portos. Algumas há mais de quarenta anos. A capitania informa que não há registros de vazamentos dessas embarcações, mas que faz constantes inspeções.

MAPA DE EXCLUSÃO DA PESCA NA BAÍA DE GUANABARA

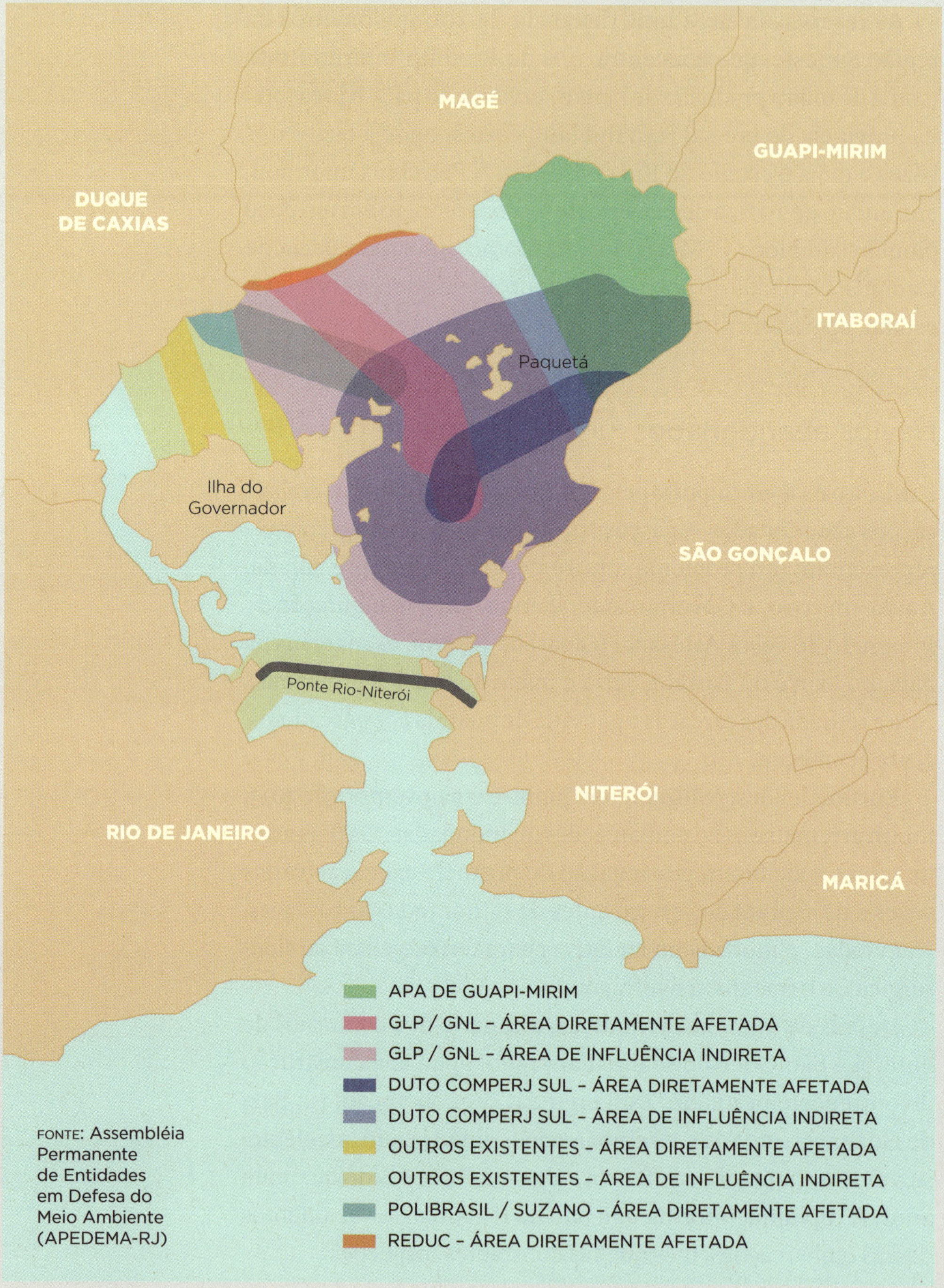

FONTE: Assembléia Permanente de Entidades em Defesa do Meio Ambiente (APEDEMA-RJ)

Pesca restrita a 12% da baía

A Guanabara é o principal ponto de apoio de embarcações dedicadas às operações em alto mar no estado do Rio de Janeiro — que vão desde as mais especializadas, como o lançamento de dutos submarinos, ao simples transporte, em rebocadores, de suprimentos para as plataformas.

Fatiada por estas diversas operações, a baía acaba relegando a segundo plano a atividade pesqueira. A geógrafa Carla Ramôa Chaves, autora da dissertação de mestrado "Mapeamento participativo da pesca artesanal da Baía de Guanabara", afirma que, com o aumento da área de exclusão e de segurança, sobram apenas cerca de 12% de espaço para a ação dos pescadores.

O impacto da exclusão causa efeitos muitas vezes irreversíveis e permanentes na vida dessas pessoas. Um mapa elaborado pela Assembleia Permanente de Entidades em Defesa do Meio Ambiente (Apedema) mostra que os pescadores precisam disputar espaços cada vez menores, principalmente nas proximidades da APA de Guapi-Mirim.

Segundo Carla, 44% da Baía de Guanabara são ocupados pela indústria do petróleo, considerando as áreas de influência indireta das instalações industriais. Em sua avaliação, a baía está saturada:

> O impacto dessa indústria do petróleo causa efeitos cumulativos e sinérgicos, agregando outras atividades à baía, como a oferta de serviços offshore pelas embarcações *supply* [que são aqueles navios fundeados]. O aumento de embarcações interfere diretamente e agressivamente na vida dos botos-cinza. Considerando a ocupação do espelho d'água e a atração de outros elementos ao espelho, a presença da indústria petrolífera promove uma saturação da baía[29].

29. Entrevista ao autor em março de 2016.

ESTAÇÕES DEFICIENTES, META INATINGÍVEL

● ESTAÇÕES CONSTRUÍDAS ● ESTAÇÕES REFORMADAS

BAÍA DE GUANABARA

- **ÁREA:** 380km²
- **BACIA HIDROGRÁFICA:** Cerca de 4000km²
- **DINHEIRO GASTO COM O PDBG:** US$ 1,2 bilhão
- **DURAÇÃO PREVISTA DA PRIMEIRA ETAPA:** 5 anos
- **DURAÇÃO REAL DA PRIMEIRA ETAPA:** 12 anos

VOLUME DE TRATAMENTO POR SEGUNDO

● PREVISTO EM 1994 ● SITUAÇÃO EM 2020

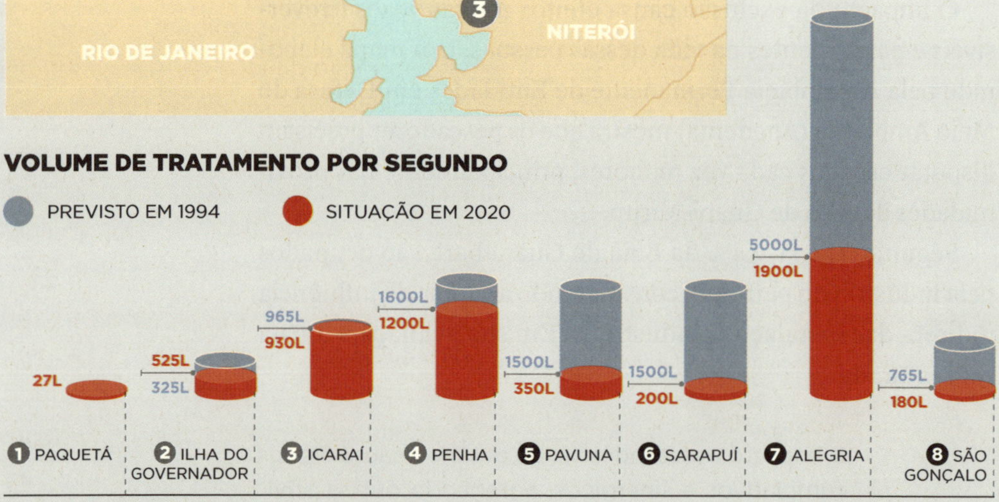

As 8 estações construídas pelo PDBG deveriam tratar **11.882l/s** de esgoto.

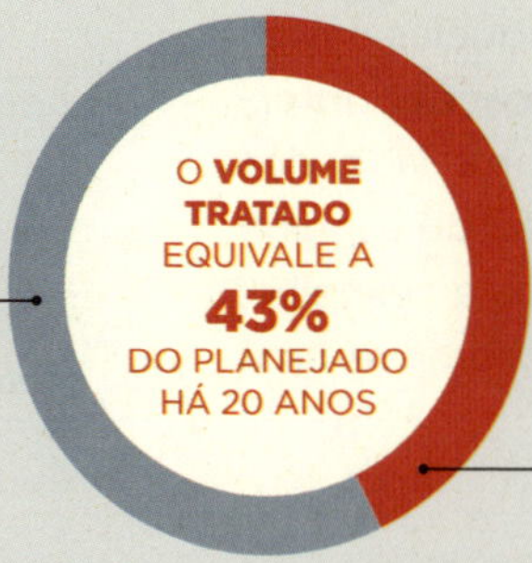

Mas tratam de fato **5.112l/s**.

ESGOTO

É a quantidade de dejetos domésticos que chegam às suas águas *in natura* sem qualquer tipo de tratamento.

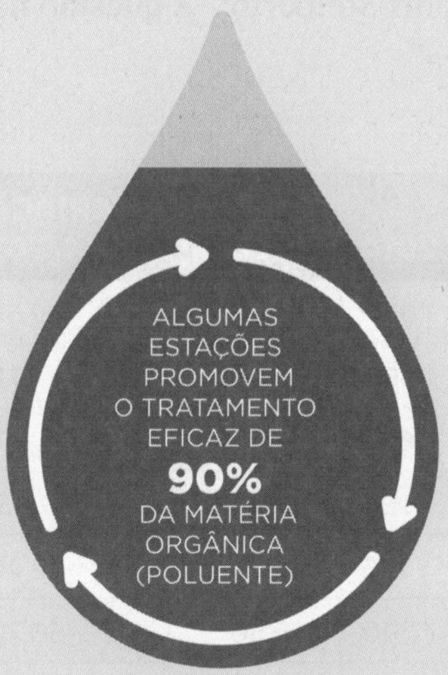

Porém não há ainda estações de tratamento de esgoto terciário, que promovam a retirada de compostos como nitrogênio e fósforo. Eles podem potencializar, isoladamente e/ou em conjunto, a eutrofização das águas receptoras, acumulando nelas matéria orgânica em decomposição, o que gera intoxicação nos animais marinhos.

FONTE: ALENCAR; SCHMIDT, 2014

Enquanto você estiver lendo esta frase, milhares de litros de esgoto estarão sendo despejados na Guanabara. A cada segundo, 18 mil litros de dejetos domésticos chegam às suas águas in natura, sem qualquer tipo de tratamento, segundo estimativas do engenheiro Adacto Ottoni — coordenador do Curso de pós-graduação em Engenharia Sanitária e Ambiental da Uerj — com base na população do entorno e no índice de tratamento de esgotos das oito estações construídas pelo Programa de Despoluição da Baía de Guanabara (tema do próximo capítulo).

Um misto de falta de investimentos, desvios de verbas e ausência de tubulações — as artérias de qualquer sistema de saneamento — explica o naufrágio da política estadual de saneamento pós-Jogos Olímpicos de 2016. Das estações de tratamento de esgotos no entorno da Guanabara, a situação da ETE Sarapuí, às margens do rio homônimo, em Belford Roxo, ilustra bem a marcha a ré do saneamento no Grande Rio: projetada para tratar 1.500 litros por segundo, a unidade recebia 725 L/s em 2014 e hoje recebe apenas 200 litros por segundo de dejetos[30].

30. *Informações da Agenersa repassadas ao autor, em julho de 2020, com base na Lei de Acesso à Informação.*

O engenheiro José Stelberto Soares, que no ano 2000 coordenou o programa de urbanização Nova Baixada, conta que a ETE simplesmente ficou desabastecida de esgotos por falta de redes por 13 anos, quando o governo decidiu, enfim, colocar um ponto final no descaso. A ligação de uma tubulação que captava os esgotos do município de Mesquita, de quatro quilômetros de extensão, à ETE Sarapuí ligou nada a lugar nenhum durante todo esse tempo. O trabalho foi feito até a interseção da Via Dutra. E parou. "O coletor vem pela beira do Rio Sarapuí, desde a Chatuba de Mesquita, até a Rodovia Dutra, mas ficou descontinuado. O pessoal do PDBG era o responsável por dar sequência, mas nada foi feito", diz Stelberto: "A questão não é técnica, é simplesmente política"[31].

31. Entrevista ao autor em julho de 2020.

	VAZÃO PROJETADA	2014	2020	VARIAÇÃO 2014/2020
ETE ALEGRIA	5.000	1.950	1.900	-2,56%
ETE PENHA	1.600	1.080	1.200	11,11%
ETE ILHA DO GOVERNADOR	525	625	325	-48%
ETE ICARAÍ	965	952	930	-2,31%
ETE SARAPUÍ	1.500	725	200	-72,40%
ETE PAVUNA	1.500	710	350	-50,70%
ETE PAQUETÁ	27	27	27	0%
ETE SÃO GONÇALO	765	0	180	-
TOTAL	**11.882**	**6.069**	**5.112**	**-16%**

Outra planta claudicante é a da Pavuna, que deveria coletar e tratar os esgotos produzidos nos bairros de Acari, Colégio, Irajá, Vista Alegre, Jardim América, Vigário Geral e Pavuna, no Rio de Janeiro, e de parte dos municípios de São João de Meriti, Nilópolis e Duque de Caxias. A ETE trata hoje apenas 23,3% da capacidade projetada em 2000, quando foi erguida. Para a ETE Pavuna há, inclusive, um detalhado projeto executivo sobre a expansão do sistema pronto, engavetado. O documento, concluído em 2015 pelo governo do estado, custou R$ 15 milhões aos cofres públicos. Um dado tragicamente curioso é que a favela de Vigário Geral está dotada de nove elevatórias prontas para se conectarem à ETE Pavuna. Construídas pelo programa Favela Bairro (1994 e 2008), da prefeitura do Rio, todas estão desativadas.

Escaldado pela ausência de redes coletoras há décadas na Região Metropolitana do Rio, Gandhi Giordano, professor do Departamento de Engenharia Sanitária e Meio Ambiente da Faculdade de Engenharia da Uerj, lembra que estações foram inauguradas "a seco" no início do século XXI, e governantes chegaram a fazer manobras de *by-pass* (passagem direta) de rios pelas estações para maquiar o funcionamento. "Sarapuí e Pavuna, por exemplo, foram inauguradas sem as redes. Houve correria para que as empreiteiras fossem pagas, lá atrás. Se essa má performance fosse decorrente de entupimento isso acabaria extravasando nas ruas. Então é necessário que a Cedae explique essa queda", comenta Gandhi[32]. Para o engenheiro, a operação "copo meio vazio" das plantas é nociva para a infraestrutura:

> O que pode estar acontecendo também é manutenção precária. Mas só isso não explica. Existe um bloco de carnaval chamado "Concentra, mas não sai". Nesse caso é "Faz o tronco, mas não chega". Outro complicador é que essas estações foram feitas para ficarem cheias. Se ficam vazias, isso evidentemente dá problema.

32. Entrevista ao autor em julho de 2020.

Nos descaminhos, há até histórias pitorescas, como a da ETE Paquetá, inaugurada no início dos anos 1990 e estruturada no modelo "graúna", no qual o esgoto é jogado num tubulão com bombeamento de oxigênio. Com o tempo, o terreno argiloso amassou a estação. De lá para cá, nada foi feito.

Com 24,18% de índice de tratamento dos esgotos domésticos na bacia drenante da Guanabara[33], a situação não é nada confortável. De 2010 a 2020 o avanço foi praticamente inexistente, de menos de dois pontos percentuais para mais. Para piorar, o governo do estado insistiu, durante um bom tempo, em estabelecer uma meta inexequível: tratar 80% dos esgotos domésticos até as Olimpíadas de 2016. Em novembro de 2013, o site da Secretaria do Ambiente trazia reportagem[34] que tratava das ações pensadas para cumprir a meta de "despoluir 80% das águas da Baía de Guanabara até 2016", conforme o estabelecido no Caderno de Encargos das Olimpíadas. O percentual foi amplamente divulgado na mídia. Quase dois anos depois, em março de 2015, não restaria alternativa ao governador Luiz Fernando Pezão a não ser admitir à imprensa que "não daria tempo" de alcançar a meta[35].

Das oito estações, sete são dotadas de sistemas de tratamento secundários, ou seja, um grau capaz de promover a remoção eficaz de 90% da matéria orgânica (demanda bioquímica de oxigênio) e, consequentemente e indiretamente, a remoção de 90% de sólidos em suspensão. E uma, a ETE Icaraí, promove o "tratamento primário quimicamente assistido", processo no qual produtos químicos (cloreto férrico e polímeros) são aplicados previamente à unidade de decantação primária. A tecnologia garante a remoção de sólidos em suspensão de 70% e, consequentemente e indiretamente, a remoção de DBO (demanda bioquímica de oxigênio) também em 70%[36]. Não há estações de tratamento terciário, que promovem a retirada de compostos como nitrogênio e fósforo.

33. Estudo da engenheira Eloísa Torres, conselheira da Casa Fluminense.

34. Disponível em: https://vejario.abril.com.br/cidade/a-um-ano-da-olimpiada-rio-corre-para-despoluir-a-baia-de-guanabara/.

35. Jornal "O Globo" de 24 de março de 2015. Disponível em: http://oglobo.globo.com/rio/pezao-admite-que-meta-de-tratar-esgoto-da-baia-de-guanabara-nao-sera-cumprida-ate-olimpiadas-15689514.

36. Demanda Bioquímica de Oxigênio (DBO) corresponde à quantidade de oxigênio necessária para ocorrer a oxidação da matéria orgânica biodegradável sob condições aeróbicas.

É esse cenário que leva o professor da Uerj Adacto Ottoni a afirmar que a Baía de Guanabara vem morrendo lentamente ao longo do tempo: "A taxa de assoreamento acelerada de suas águas vem reduzindo o seu espelho d'água normal, aumentando a turbidez de suas águas e afetando drasticamente a sua biodiversidade hídrica. Os regimes dos rios que desembocam na Baía de Guanabara estão totalmente desregulados"[37].

37. *Entrevista ao autor em setembro de 2015.*

COLETA E TRATAMENTO DE ESGOTOS NA REGIÃO HIDROGRÁFICA DA BAÍA DE GUANABARA

ANO	VAZÃO NOMINAL PROJETO (L/S)	POPULAÇÃO ATENDIDA AO FINAL DO PROJETO (HABS.)	VAZÃO TRATADA (L/S)	POP. ATENDIDA (HABS.)	POP. RESIDENTE NA ÁREA DRENANTE A BG (HABS.)	POP. ATENDIDA (%)
1990	2.457	864.200	1.403	449.800	7.431.450	6,05
2000	12.711	4.368.700	4.483	1.554.708		
2005	12.796	4.330.700	4.563	1.497.819		
2010	14.091	4.626.200	6.048	1.904.598	8.570.000	22,22
2015	14.068	4.611.200	5.360	1.971.712		
2020	14.227	4.376.200	5.516	2.212.308	9.149.332	24,18

FONTE: Eloísa Torres, engenheira consultora em saneamento básico.

Baía vista de praia em Magé, com a Ilha do Governador ao fundo.
FOTO: CUSTODIO COIMBRA©

Praias precárias

O descompasso entre aumento populacional e avanços em esgotamento sanitário impera no saneamento no entorno da baía e se reflete na péssima qualidade das 47 praias da Guanabara. Poucas apresentam condições de balneabilidade na maior parte do tempo, como a Vermelha (na Urca, Zona Sul do Rio) e a Adão e Eva (em Niterói). As praias de Icaraí e Jurujuba, ambas em Niterói, chegam a ficar próprias em alguns momentos, mas dependem muito da ausência de chuvas. A Praia de Botafogo, um cartão-postal da capital, jamais se mostrou em condições favoráveis ao banho desde que o Inea começou a divulgar a série histórica no site do governo do estado em 2007.

Ex-secretário de estado do Ambiente (de 2007 a 2008 e de 2010 a 2014) e atual deputado estadual (PSB-RJ), Carlos Minc defende que houve "muitos avanços" em sua gestão. A interlocutores, o deputado costuma contar uma história que denotaria seu empenho para a aplicação de recursos no saneamento. Lembra Minc que, certa vez, diante da ameaça do ex-governador Sérgio Cabral de não destinar recursos do Fundo Estadual de Controle Ambiental (Fecam) ao saneamento, ele imediatamente ligou para o então presidente Lula. A pressão teria surtido efeito e Cabral voltou atrás. Em entrevista ao autor, Minc reconhece, entretanto, que a situação da Guanabara ainda está longe de ser razoável:

> Se você me perguntar se a questão do saneamento do Rio está boa, eu digo que não. Mas na nossa gestão houve uma mudança da água para o vinho. O Fecam [Fundo Estadual de Conservação Ambiental] passou a investir exclusivamente em ações ambientais. Em volta da Baía de Guanabara, antes de 2007, era 13% [de esgoto doméstico]. Estamos agora em 40%. Eu critico a privatização [dos serviços de saneamento] da forma como é feita, mas uma coisa é certa: a esquerda sempre se omitiu em relação às deficiências da Cedae. Eu sempre defendi consertar a Cedae.

De qualquer maneira, a vinda do setor privado não é má. Precisa é ter controle social. Eu conheço boas e más empresas municipais e boas e más situações de empresas privadas. Não é uma coisa definitiva dizer que a concessão será maravilhosa. No geral, porém, eu espero que vá melhorar. Até hoje há municípios da Baixada com percentual inferior a 8%.

MUNICÍPIOS DO ENTORNO DA BAÍA, DADOS DE TRATAMENTO DE ESGOTO E ATENDIMENTO DE ÁGUA

MUNICÍPIO	POPULAÇÃO TOTAL ATENDIDA COM ESGOTAMENTO SANITÁRIO (HABS.)	ÍNDICE DE COLETA DE ESGOTO (PERCENTUAL)	ÍNDICE DE TRATAMENTO DE ESGOTO (PERCENTUAL)	ÍNDICE DE ATENDIMENTO TOTAL DE ÁGUA (PERCENTUAL)
RIO DE JANEIRO	5.796.792	81,04	81,06	98,44
DUQUE DE CAXIAS	215.854	41,58	14,09	81,39
MAGÉ	-	-	-	44,68
GUAPIMIRIM	-	-	-	72,60
ITABORAÍ	54.077	53,69	2,93	54,35
SÃO GONÇALO	380.946	45,33	32,71	89,10
NITERÓI	490.730	100,00	100	100
NILÓPOLIS	49.221	52,48	16,91	97,60
SÃO JOÃO DE MERITI	-	-	-	89,96
BELFORD ROXO	142.642	45,62	36,60	73,61
NOVA IGUAÇU	821.128	76,70	14,01	94,23
MESQUITA	53.247	47,66	14,47	98,54
CACHOEIRAS DE MACACU	32.000	59,85	0,00	94,28
RIO BONITO	44.050	63,99	0,00	72,41
TANGUÁ	-	-	-	54,49

FONTE: SNIS — Série Histórica/ Sistema Nacional de Informações sobre Saneamento — Secretaria Nacional de Saneamento Ambiental [SNSA]/ Ministério das Cidades — Ano de referência: 2019 (http://app.cidades.gov.br/serieHistorica/municipio/index). Acesso em 11/01/2021.

Amônia nas alturas

Quem acompanha dia a dia, ano a ano, as avaliações ambientais da Guanabara não tem motivos para comemorar. O biólogo Rodolfo Paranhos, chefe do Laboratório de Hidrobiologia do Instituto de Biologia da Universidade Federal do Rio de Janeiro (UFRJ), monitora desde 1997 seis pontos na baía. São coletadas amostras mensais e feitas análises de temperatura, oxigênio, bactérias, vírus, carbono, nitrogênio e fósforo. As influências da maré não foram consideradas nos resultados. Ele garante que não se pode dizer que houve melhoria na despoluição — de uma forma geral, a qualidade da água está caindo:

> Em 2015 a minha única esperança era que as Olimpíadas de 2016 tivessem servido para iniciarmos um programa sério de tratamento de esgoto e saneamento básico. Despoluição envolve muitas outras ações. A Baía de Sydney [Austrália] não estava despoluída nas Olimpíadas de 2000, mas o processo de despoluição havia sido efetivamente iniciado e atualmente é uma região bastante saudável e bem cuidada, apesar de uma ampla utilização humana. No Rio de Janeiro, muito pouco aconteceu desde 2015, e a qualidade ambiental na Baía de Guanabara vem piorando ao longo dos anos. Como a população aumenta, também aumenta a poluição, sem que o tratamento de esgotos acompanhe esse crescimento populacional.

Na avaliação de Paranhos, enquanto não tivermos investimentos em plantas de tratamento terciário (de esgoto), que garantam a efetiva remoção de nitrogênio e fósforo, não dá para falar em avanços. Para reforçar seu ponto de vista, Paranhos apresentou com exclusividade[38] resultados de concentração de amônia, um bom indicador de despejo de esgoto recente. No ponto de coleta no entorno da Ilha de Paquetá os valores têm

38. Entrevista ao autor atualizada em 21 de dezembro de 2020.

aumentado desde 2002. O mesmo se observa na Urca (aumento de 10% ao ano) e em Ramos (aumento de 12% ao ano) desde 1997. Mas as taxas de aumento, tem observado o biólogo, oscilam ao longo dos anos, sendo maiores em épocas de El Niño, fenômeno que se caracteriza pelo aquecimento anormal das águas superficiais do Oceano Pacífico.

O impacto dos 18 mil litros por segundo de esgoto é devastador para a biodiversidade. Outrora um agradável balneário digno de referência em anúncios de jornais e revistas, a Praia de Ramos é "anóxica" — ou seja, sem qualquer presença de oxigênio, fundamental ao desenvolvimento da vida aquática — em um terço do ano. Nesse período, o índice de oxigênio dissolvido cai a menos de 2 mg/litro.

Nem tudo está perdido, porém. A mesma região de Ramos que se apresenta quase morta na maior parte do tempo é também a que curiosamente registra os maiores índices de oxigênio em alguns períodos. O pesquisador explicou que o fenômeno, resultante da altíssima atividade biológica de micro-organismos que atuam na fotossíntese degradando a matéria orgânica, representa um fio de esperança:

> Curiosamente, nos mesmos pontos onde verificamos oxigênio zero em determinados momentos no ano apresentam os maiores valores da baía. A alta atividade biológica, fomentada pela concentração de nutrientes, é a responsável por essa característica, que mostra a vitalidade da Baía de Guanabara. Um sinal de que a baía pode sim se recuperar[39].

39. Entrevista ao autor em julho de 2015.

AUMENTO ANUAL (%)

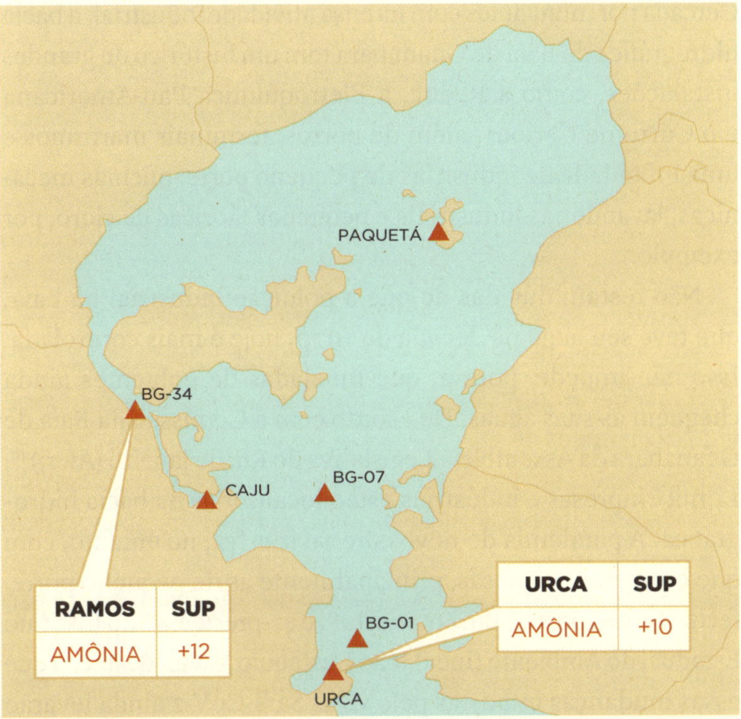

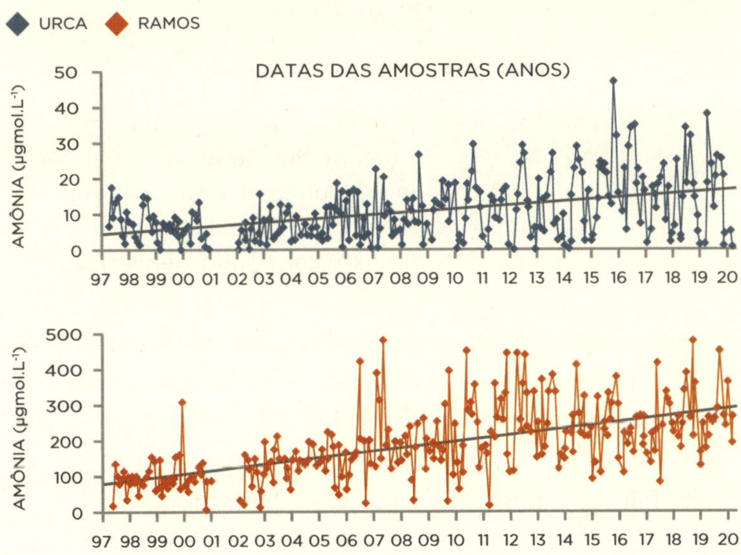

FONTE: Laboratório de Hidrobiologia do Instituto de Biologia da Universidade Federal do Rio de Janeiro (UFRJ).

Controle da poluição industrial: avanço

Cercada por municípios com intensa atividade industrial, a bacia hidrográfica da Baía de Guanabara tem um histórico de grandes instalações, como a Reduc, a Eletroquímica Pan-Americana e o Curtume Carioca, além de portos, terminais marítimos e uma infinidade de indústrias de pequeno porte: oficinas mecânicas, lavanderias industriais e pequenas fábricas de cloro, por exemplo.

Não restam dúvidas de que a poluição industrial na baía, que teve seu auge na década de 1970, hoje é mais controlada. Isso não impede, porém, que toneladas de poluentes ainda cheguem às suas águas. De acordo com a Comissão da Baía de Guanabara da Assembleia Legislativa do Rio de Janeiro (Alerj)[40], 14 mil empresas e indústrias estão localizadas na bacia hidrográfica. A pandemia do novo coronavírus fez, no entanto, com que inúmeras empresas, principalmente as de pequeno porte, fechassem as portas. Em entrevista[41], o ex-presidente do Instituto Estadual do Ambiente (Inea) João Eustáquio Xavier destacou que essas mudanças impostas pelo vírus Sars-CoV-2 ainda levarão um bom tempo para serem mensuradas:

> Estamos no meio de um tsunami, de desdobramentos ainda imprevisíveis. De qualquer maneira, eu não tenho a menor dúvida de que a situação da poluição industrial melhorou demais em três décadas. Hoje os principais problemas da Guanabara são o lixo, carregado pelos rios, e os esgotos domésticos.

Consultores que atuam nesse nicho calculam que a poluição industrial represente apenas 15% do total dos poluentes despejados no ecossistema marinho. O grosso (85%) estaria relacionado à falta de tratamento dos esgotos domésticos.

40. Instalada em julho de 2015 e com relatório final lançado em 2016, a comissão teve o objetivo de fazer um mapeamento de todos os atores envolvidos na discussão sobre a situação da Baía de Guanabara e seus impactos ambientais.

41. Entrevista ao autor em 15 de dezembro de 2020.

Principais indústrias potencialmente poluidoras da região hidrográfica da Baía de Guanabara[42]

- **REFINARIA DUQUE DE CAXIAS (REDUC).** Na margem esquerda do Rio Iguaçu, próxima à foz, a Reduc provavelmente destruiu grande parte do primitivo manguezal, gerando impacto pelo lançamento de óleo e outros resíduos.

- **BAYER DO BRASIL.** Indústria química de alto porte, fabrica biocidas, produtos veterinários e poliuretânicos, corantes e sais de cromo. Localizada em Belford Roxo, lança seus efluentes no Rio Sarapuí. Um dos objetivos de suas unidades produtivas é minimizar a geração de efluentes.

- **REFINARIA DE PETRÓLEO DE MANGUINHOS.** É a terceira refinaria mais antiga do Brasil (inaugurada em 1954) e fica na Zona Norte do Rio. Usa como corpo receptor dos efluentes o Canal do Cunha, perto de sua desembocadura na Baía de Guanabara. Seus principais produtos são gasolina e derivados, gás liquefeito de petróleo, óleo combustível e diesel.

- **ELETROQUÍMICA PAN-AMERICANA (ATUAL KATRIUM INDÚSTRIAS QUÍMICAS S/A).** Segunda companhia produtora de cloro no Brasil, vende os insumos para a Cedae. Fica no bairro carioca de Honório Gurgel. Usa como corpo receptor o Rio Acari, afluente do Rio Meriti. Durante muitos anos o principal problema causado pela Pan-Americana foi o lançamento de mercúrio nos rios Acari e Meriti.

- **PETROFLEX INDÚSTRIA DE COMÉRCIO LTDA.** Fábrica de borracha de Duque de Caxias. O Rio Estrela é o receptor de seus efluentes e deságua na Baía de Guanabara. A Petroflex, porém, não usa mais suas águas para fins de refrigeração.

42. Soares, 2010. p. 5.

- **COMPANHIA PROGRESSO INDUSTRIAL DO BRASIL — FÁBRICA BANGU.** Considerada um dos mais antigos poluidores da Baía de Guanabara, fabricava tecidos e não tinha nenhum tipo de preocupação ambiental. O principal formador do Rio Sarapuí é ainda conhecido como "rio das tintas", por ao longo dos anos receber os efluentes coloridos dos processos de tingimento de tecidos da fábrica, que hoje está desativada. Em seu lugar foi construído o Bangu Shopping.

- **COMPANHIA BRASILEIRA DE ANTIBIÓTICOS (CIBRAN).** Localizada no município de Tanguá, contribui com o lançamento de contaminantes líquidos com grandes concentrações de DBO (demanda bioquímica de oxigênio) e DQO (demanda química de oxigênio). Por lançar seus efluentes no Rio Caceribu, foi acusada da morte de animais abaixo do ponto de despejo.

- **ATLANTIC INDÚSTRIAS DE CONSERVAS.** Fábrica de alimentos de médio porte localizada em Niterói. Seus principais agressores são as altas concentrações de DBO e DQO, óleos e graxas. Uma vez que essa indústria nunca implantou qualquer sistema de tratamento, a Baía de Guanabara é seu corpo receptor.

A certeza da impunidade abre brecha para práticas nocivas de empresas, principalmente aquelas de menor porte. Estudos mostram maiores concentrações de poluentes provenientes de indústrias na porção oeste da baía, associada à cidade do Rio, ao Porto do Rio, ao aterro controlado de Jardim Gramacho (o ineficiente tratamento do chorume permanece como um passivo na região) e à circulação hídrica restrita pela presença das ilhas do Fundão e do Governador.

Na medida em que se avança para o norte da baía, nas proximidades da área da APA de Guapi-Mirim, as concentrações

JARDIM GRAMACHO
Bairro de Duque de Caxias onde funcionou, de 1976 a 2012, o maior lixão da América Latina. Recebia por dia mais de sete mil toneladas de rejeitos químicos e orgânicos provenientes dos municípios vizinhos da Baixada Fluminense e também do município do Rio de Janeiro, que eram despejados na Baía de Guanabara.

diminuem. Embora situado sob pressão da metrópole, o mangue ajuda ainda a conservar boas condições das águas naquele trecho. Se o passeio prossegue em direção a Niterói, observam-se novamente concentrações elevadas, associadas à absurda densidade populacional do município de São Gonçalo, aos estaleiros e indústrias da Ilha da Conceição e à ocupação bastante densa da cidade de Niterói.

Alguns estabelecimentos que deveriam dar exemplo também não têm passado no teste de sustentabilidade. O Arsenal de Marinha, fincado na Ilha das Cobras, no centro que leva os esgotos para serem tratados na ETE Alegria Rio, operada pela Cedae[43], levou dois anos (2014 a 2016) para se enquadrar.

90 toneladas diárias de lixo

O lixo flutuante, carregado pelos 143 rios, canais e riachos que deságuam na baía, é outro flagelo ainda sem solução. Estimativas da Associação Brasileira de Empresas de Limpeza Pública e Resíduos Especiais (Abrelpe)[44] não são animadoras: diariamente são despejadas cerca de 90 toneladas de resíduos no espelho d'água da baía. Volume muito superior à capacidade de coleta de ecobarreiras e dos ecobarcos, projetos paliativos que vêm sendo encarados como a aposta do governo do estado para minimizar os impactos negativos no ecossistema.

As ecobarreiras são estruturas feitas de bombonas de plástico amarradas a um cordão de aço, que objetivam a captura dos resíduos na foz dos rios, antes que os dejetos cheguem à Guanabara. Em maio de 2021, 15 estruturas do tipo estavam instaladas no entorno da baía. O Inea informou que, de janeiro a dezembro de 2020, as estruturas retiraram da baía 196 toneladas de lixo, em média, por mês — o que representa 7,25% do total do lixo flutuante que chega à Guanabara, numa projeção conservadora.

43. A Companhia Estadual de Águas e Esgotos (Cedae) foi fundada em 1975. É a responsável por operar e manter a captação, o tratamento, a adução e a distribuição das redes de água, além da coleta, do transporte, do tratamento e do destino final dos esgotos gerados nos 62 municípios conveniados do Estado do Rio. Passou 40 anos sem ser fiscalizada por uma agência reguladora. Em agosto de 2015, a Agência Reguladora de Energia e Saneamento Básico do Estado do Rio (Agenersa) passou a avaliar a empresa, conforme determina a Lei Federal de Saneamento (11.445/2007).

44. Informação repassada ao autor em agosto de 2015.

Ecobarreira localizada no Rio Meriti.
FOTO: CUSTODIO COIMBRA©

RETIRADA DE LIXO DAS ECOBARREIRAS DA GUANABARA EM 2020

MÊS	ECOBARREIRAS	TONELADAS
JAN-20	18 UN	188.39 T
FEV-20	14 UN	139.57 T
MAR-20	19 UN	191.51 T
ABR-20	15 UN	155.28 T
MAI-20	20 UN	211.59 T
JUN-20	16 UN	177.06 T
JUL-20	14 UN	163.78 T
AGO-20	18 UN	204.32 T
SET-20	17 UN	152.35 T
OUT-20	09 UN	104.84 T
NOV-20	15 UN	162.89 T

FONTE: Inea.

LIXO FLUTUANTE
Um dos materiais mais presentes na Guanabara é o plástico. O Atlas do Plástico, da Boll Brasil, reúne informações importantes para empresas e a sociedade civil sobre os perigos do consumo do plástico, além de apontar caminhos para reverter esse quadro. Acesso em https://br.boell.org/pt-br/atlasdoplastico

Em resumo, essas atividades assemelham-se a enxugar gelo. Interrompido em 23 de fevereiro de 2015, o programa dos ecobarcos, que tem custo mensal em torno de R$ 300 mil, oriundos do Fundo Estadual de Conservação Ambiental (Fecam), foi retomado em 1º de julho de 2015, mas teve seu funcionamento interrompido dois anos depois, em 2017, e permanece parado até hoje.

O presidente da Abrelpe, Carlos Silva Filho, fez o cálculo do lixo flutuante na baía levando em consideração que 296 toneladas de detritos não são sequer coletadas diariamente em sete cidades no seu entorno (Rio, Caxias, Magé, Guapimirim, Itaboraí, São Gonçalo e Niterói). A soma representa 2,2% do montante gerado nesses municípios, segundo pesquisa da entidade. Estima-se que 30% dessas 296 toneladas vão parar nas águas da baía.

Chorume: um problema que persiste

O despejo de chorume nas águas da Guanabara também continua acontecendo, apesar das ações recentes de fechamentos de lixões a céu aberto. O chorume é o líquido escuro, altamente poluente, resultante da degradação da matéria orgânica dos resíduos sólidos. Alguns lixões e aterros controlados (nos quais há algum tipo de controle de engenharia, embora não o mais adequado) vertem chorume diretamente para a baía. Denúncias que chegaram à Secretaria do Ambiente no segundo semestre de 2015 dão conta de que o aterro controlado de Bongaba, em Magé, polui o Rio Inhomirim, que deságua direto no Rio Estrela, que desemboca na Guanabara.

Em audiência pública no dia 23 de outubro de 2015, um pescador que vive em Duque de Caxias denunciou a concessionária Gás Verde S/A, que opera o aterro de Jardim Gramacho após o encerramento das atividades, afirmando que existiam ligações clandestinas direto para o Rio Iguaçu — mostrando, inclusive, uma filmagem. Além disso, segundo a denúncia, piscinões de estabilização do chorume estavam prestes a transbordar. Em 2020, a Gás Verde S/A conseguiu na Justiça largar a concessão, deixando o enorme passivo ambiental para a Comlurb.

Esse cenário caótico se soma às precárias condições de vida da maior parte das 8,5 milhões de pessoas que habitam a bacia hidrográfica da Guanabara. Jardim Gramacho, bairro de Duque de Caxias que durante 36 anos abrigou o maior aterro da América Latina[45], é o resumo desse descompasso insustentável. Segundo dados levantados pelo Instituto de Estudos do Trabalho e Sociedade (Iets), com a desativação do aterro controlado a renda per capita por domicílio das famílias de catadores de Jardim Gramacho despencou de R$ 311 para R$ 101 mensais. O nível de pobreza com o aterro estava em 49,3%. Com o fim do lixão, avançou para 86,7%. Para o Iets, são necessários R$ 6,7 milhões para acabar com a pobreza no local em um ano.

45. O aterro metropolitano do Jardim Gramacho foi fechado em junho de 2012.

LIXÕES NO ENTORNO DA BAÍA	DE QUAIS CIDADES RECEBE O LIXO	QUANT. DE LIXO/ DIA	ESTÁ EM OPERAÇÃO?	PRODUZ E TRATA CHORUME?	QUANT. DE CHORUME (M³/DIA)	DESDE QUANDO ESTÁ FECHADO?
BABI (BELFORD ROXO)	-	-	NÃO, MAS HÁ DENÚNCIAS DE EMPRESAS DE LIXO EXTRAORDINÁRIO FAZENDO USO DO LOCAL INAPROPRIADAMENTE	PRODUZ, MAS NÃO TRATA	ND	MARÇO DE 2012
JAPERI	-	-	NÃO	PRODUZ, MAS NÃO TRATA	ND	JULHO DE 2014
GUAPIMIRIM	-	-	NÃO	PRODUZ, MAS NÃO TRATA	ND	SETEMBRO DE 2012
PARACAMBI	-	-	NÃO	NÃO (ESTÁ REMEDIADO)		2011
CAJU	-	-	NÃO	NÃO		HÁ 30 ANOS
LIXÃO DA KENNEDY (CAXIAS)	-	-	NÃO	NÃO		HÁ 25 ANOS

Roberta Alves, conhecida como Docinho, é uma ex-catadora que atualmente coordena o Polo de Reciclagem de Jardim Gramacho. Ela resume a situação dramática dos catadores:

> A vida dos catadores mudou e as dificuldades aumentaram. Estamos com dificuldades de diálogo com as prefeituras e com o governo do estado, que pouco se importam com os catadores. A garganta trabalha muito, e as mãos, pouco. Faltam interesse público e políticas estruturantes. Eu preferiria estar no lixão a dialogar com os governos municipais e estadual.

Com base em entrevistas com engenheiros que atuam no segmento, fiscais do órgão ambiental fluminense — que preferiram não se identificar — e professores, elaborei três tabelas sobre a situação do lixo no entorno da baía. Há seis casos em que a poluição por chorume preocupa. Houve, porém, grandes avanços nos últimos dez anos, principalmente em função da atuação de empresas que viram na operação de aterro um filão. Modernos sistemas de tratamento vêm sendo aplicados em aterros, como o modelo de osmose reversa, capaz de transformar parte do poluente em água limpa. Hoje, 910 metros cúbicos de chorume por dia, gerados no entorno da baía, recebem algum tipo de tratamento — o que representa avanço de 49,9% em relação a 2015. O cálculo desconsidera o Aterro de Seropédica, cuja bacia hidrográfica drena para a Baía de Sepetiba.

ATERROS CONTROLADOS

	DE QUAIS CIDADES RECEBE O LIXO	QUANTIDADE DE LIXO/DIA (TONELADAS)	ESTÁ EM OPERAÇÃO?	PRODUZ E TRATA CHORUME?	QUANT. DE CHORUME (M^3/DIA)	DESDE QUANDO ESTÁ FECHADO?
MORRO DO CÉU (NITERÓI)	NITERÓI	240	SIM	NÃO	-	-
GERICINÓ	RIO DE JANEIRO (ENTULHO E VARRIÇÃO)	0	NÃO	HÁ DENÚNCIAS DE QUE O LÍQUIDO CAI, SEM TRATAMENTO, NO RIO SARAPUÍ		
BONGABA (MAGÉ)	-	-	NÃO	SIM		-
JARDIM GRAMACHO (CAXIAS)	-	-	NÃO	HÁ DENÚNCIAS DE QUE O CHORUME NÃO VEM SENDO TRATADO, E DESPEJADO NO RIO IGUAÇU		JUNHO DE 2012
ITAOCA (SÃO GONÇALO)	-	0	NÃO	FISCAIS DO INEA NÃO CONSEGUEM IR À ÁREA, DOMINADA PELO TRÁFICO DE DROGAS		FEVEREIRO 2012
TOTAL		**240**				

ATERROS SANITÁRIOS

	DE QUAIS CIDADES RECEBE O LIXO	QUANTIDADE DE LIXO/DIA (TONELADAS)	ESTÁ EM OPERAÇÃO?	PRODUZ E TRATA CHORUME?	QUANT. DE CHORUME (M^3/DIA)	DESDE QUANDO ESTÁ FECHADO?
NOVA IGUAÇU	NOVA IGUAÇU, DUQUE DE CAXIAS (PARTE), QUEIMADOS, MESQUITA, NILÓPOLIS E SÃO JOÃO DE MERITI	4.600	SIM	SIM. SISTEMA DE OSMOSE REVERSA	380	-
SÃO GONÇALO (ANAIA)	SÃO GONÇALO, NITERÓI E MARICÁ	2.068	SIM	SIM. SISTEMA DE OSMOSE REVERSA	250	-
ITABORAÍ	ITABORAÍ, MAGÉ, CACHOEIRAS DE MACACU, GUAPIMIRIM, TANGUÁ, RIO BONITO, PATY DO ALFERES E CASIMIRO DE ABREU	2.170	SIM	SIM. ENVIA PARA TRATAMENTO EM ESTAÇÃO DA PROLAGOS	140	-
CTR PARACAMBI	PARACAMBI, ENG. PAULO DE FRONTIN, MENDES, JAPERI, QUEIMADOS	260	SIM	SIM. SISTEMA DE FÍSICO-QUÍMICO E OSMOSE REVERSA	60	-
CTR RIO (SEROPÉDICA)	RIO DE JANEIRO, ITAGUAÍ, SEROPÉDICA, MANGARATIBA, SÃO JOÃO DE MERITI E PIRAÍ	10.830	SIM	SIM. SISTEMA DE NANOFIL-TRAÇÃO E OSMOSE REVERSA	1.400	-
BELFORD ROXO (BOB AMBIENTAL)	DUQUE DE CAXIAS (PARTE) E BELFORD ROXO	0	NÃO	SIM. SISTEMA DE OSMOSE REVERSA	80	-
TOTAL		**19.928**			**2.310**	

Mercúrio nos sedimentos

Um dos maiores estudiosos da poluição da baía por metais pesados, o oceanógrafo Julio Cesar Wasserman, professor da Universidade Federal Fluminense (UFF), afirma que nenhuma parte da baía apresenta concentrações desses elementos consideradas naturais. Sim, porque é possível encontrar mercúrio em fundos de baías mesmo sem ter havido uma poluição — rios amazônicos, por exemplo, têm altos índices naturais de mercúrio.

> Mesmo os locais mais limpos apresentam concentrações da ordem de quatro a seis vezes os valores considerados naturais. Encontramos alguns locais com contaminações de mercúrio [nos sedimentos] da ordem de 200 vezes os valores considerados naturais. A contaminação por metais avança na cadeia trófica e atinge principalmente espécies carnívoras da ictiofauna, as que têm maior valor econômico, e eventualmente atinge também os pescadores[46].

O mercúrio é um poluente tóxico que se caracteriza por seu elevado risco ambiental, provocando desequilíbrio ecológico e prejuízos à saúde humana, principalmente devido ao seu forte potencial de bioacumulação e bioamplificação ao longo da cadeia alimentar. E isso é um problema na hora de se tentar remediar os impactos, acrescenta Wasserman:

> Não existe medida de remediação para a contaminação por metais pesados do sedimento, pois eles não poderiam ser separados nem fisicamente nem quimicamente. Também não se degradam com o passar dos anos.
>
> Num ambiente contaminado por metais, com o passar dos anos, o assoreamento vai soterrando os sedimentos contaminados e, caso a contaminação tenha sido contida, o sedimento que vem por cima

46. Entrevista ao autor em julho de 2015.

é descontaminado, fazendo com que o ambiente e particularmente os peixes não tenham mais contato com o sedimento antigo.

Infelizmente, esse processo pode levar muito tempo. A Baía de Minamata, no Japão, que sofreu contaminação por mercúrio, foi quase completamente aterrada pelo homem e a contaminação nos peixes só foi reduzida 60 anos após a interrupção da contaminação.

DISTRIBUIÇÃO DAS CONCENTRAÇÕES DE MERCÚRIO TOTAL NOS SEDIMENTOS SUPERFICIAIS DA BAÍA DE GUANABARA (%)

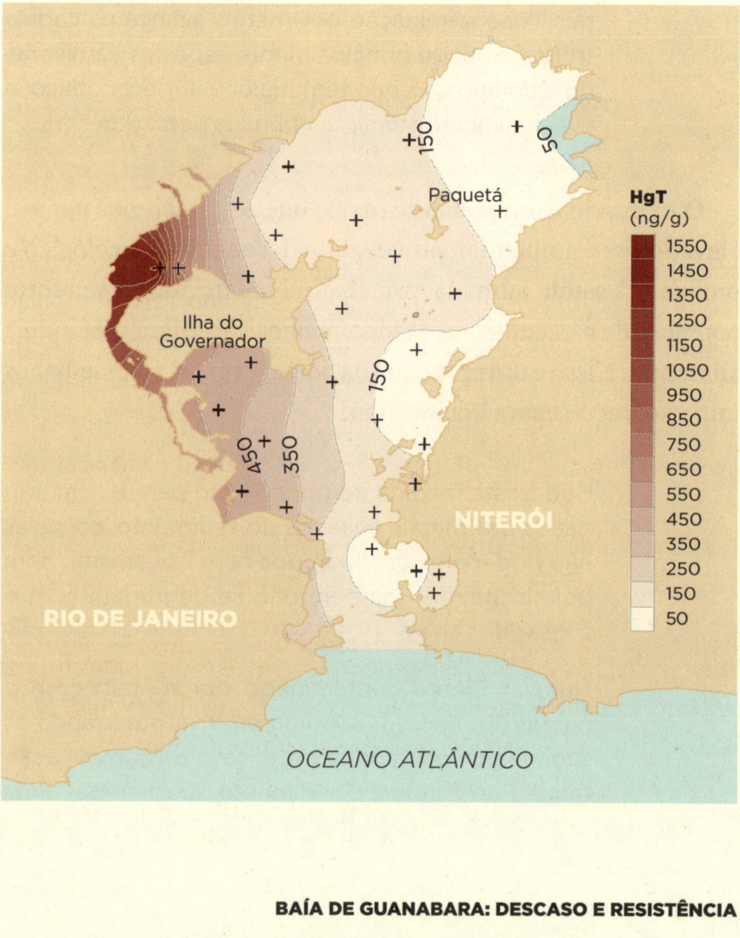

FONTE: OLIVEIRA; WASSERMAN; CAMPOS, 2010.

Pesquisas conduzidas por orientandos de Wasserman nos sedimentos em Icaraí e em Jurujuba, em Niterói, não trazem segurança ao consumo de mexilhões capturados na região. O pesquisador ressalta que a falta de estudos de toxicidade impede que seja assegurada a recomendação ao consumo — embora não haja indícios de contaminação. Igualmente nebulosas são as pressões políticas que fazem com que produtos tóxicos banidos há muito no exterior continuem sendo utilizados por aqui. É o caso do tributilestanho (TBT), associado a disfunções em moluscos bivalves, como mexilhões. Wasserman diz que o biocida de estanho continua sendo utilizado nas águas da Guanabara.

As concentrações deste composto, usado para evitar que cascos de navios sejam tomados por invertebrados, se acumulam no sedimento e estão associadas a alterações da capacidade reprodutiva dos mexilhões. Está banido a nível mundial, mas aqui continua sendo usado.

O inferno de janeiro de 2000

O maior acidente ambiental da Baía de Guanabara ocorreu em 26 de março de 1975, quando o navio iraquiano Tarik Ibn Ziyad rompeu o casco e derramou seis milhões de litros de óleo no corpo d'água. Várias praias foram atingidas em 20 cidades do Rio de Janeiro e de Niterói, tanto no interior da baía quanto na costa oceânica, e a contaminação afetou seriamente as comunidades animais da zona entre marés[47]. No Rio, o óleo atingiu praias da Ilha do Governador e da Ilha do Fundão.

O Rio Jequiá foi severamente atingido por uma grossa camada de óleo que ao pegar fogo destruiu cerca de dois hectares de manguezal. As duas técnicas de resposta mais utilizadas foram aplicação de dispersantes e uso de palha como absorvente. Após a absorção de óleo, a palha foi retirada, manualmente. As operações de limpeza se estenderam até 6 de abril daquele ano.

47. Calixto, 2011.

O segundo maior desastre ambiental na história recente da baía ocorreu em janeiro de 2000. Uma fotografia do fotojornalista Domingos Peixoto, do jornal "O Globo", resumia todo o drama que correu o mundo: um biguá totalmente coberto por uma espessa camada de óleo, com olhos avermelhados e expressão de agonia, como se pedisse socorro. Um laudo da Coppe/UFRJ apontou negligência da Petrobras como principal motivo da tragédia: um duto da estatal que ligava a Refinaria Duque de Caxias (Reduc) ao terminal Ilha d'Água, na Ilha do Governador, rompeu-se antes do raiar do dia 18 de janeiro, provocando um vazamento de 1,3 milhão de litros de óleo combustível nas águas da baía. A mancha se espalhou por 40 km^2, o que representa 12% do espelho d'água.

Depois de grande demora para mitigar o vazamento — o atraso do plano de contingência chegou a nove horas, como indicou a Polícia Federal à época —, à Petrobras foram aplicadas multas que somaram R$ 51,05 milhões. Surpreendentemente, a estatal pagou o valor integral, sem apresentar qualquer tipo de recurso protelatório. Entretanto, lembra o advogado ambientalista Rogério Rocco, o Ibama violou a própria lei que usou como fundamento para a aplicação da multa, pois não a recolheu aos cofres do Fundo Nacional de Meio Ambiente (FNMA).

O processo só foi concluído para um dos nove réus: o operador de dutos José Hermes do Valle Lima, que gozou do benefício da suspensão condicional do processo, aplicável aos chamados crimes de menor potencial ofensivo. Rogério Rocco lembra que

> no processo criminal foram 11 indiciados, mas, logo de cara, a Petrobras e o presidente da companhia [Henri Philippe Reichstul] conseguiram se livrar da ação. Ficaram nove. Numa transação penal, o operador de dutos pagou seis cestas básicas, assumindo a culpa. Mas não foi condenado. Os outros foram se defendendo e terminaram absolvidos por prescrição, dada a morosidade da Justiça. A marca da impunidade[48].

48. Entrevista ao autor em junho de 2021.

Dezenove anos depois de a Federação dos Pescadores do Rio de Janeiro (Feperj) ter entrado com uma ação coletiva na Justiça cobrando o pagamento de danos morais entre R$ 60 e 90 mil para 12 mil pescadores, o Poder Judiciário homologou o acordo celebrado entre a Petrobras e a entidade. Em abril de 2020, a companhia divulgou 12.180 nomes de pescadores artesanais que tiveram o direito ao trabalho interrompidos pelo desastre ecológico.

Os danos permanecem vivos, e quem frequenta diariamente a Guanabara relata os malefícios deixados pela tragédia de 2000. Em entrevista realizada em fevereiro de 2014, Ronaldo Moreno, integrante do Fórum de Pescadores e Amigos do Mar, afirmou:

> O óleo da superfície foi limpo, mas muita coisa foi para o fundo. Não foi só o derramamento, o pescador está sofrendo pelos muitos navios petroleiros que navegam e dutos que têm sido colocados. Muita gente deixou de pescar[49].

O pescador Isaac Alves de Oliveira, de 52 anos, relatou, no mesmo contexto da fala de Ronaldo, que a pesca é uma atividade cada vez menos frequente na baía: “Simplesmente não dá mais, tem muita poluição, metal pesado e derramamento de óleo dos navios. Está dando pouquíssimo peixe”.

Oleodutos: um histórico perigoso

Sucessivos episódios de tentativas de furtos em oleodutos que cruzam a região da Baía de Guanabara vivaram mais um dos infindáveis problemas socioambientais do território. E com desdobramentos dramáticos, como o caso de Ana Cristina Pacheco Luciano. Aos nove anos de idade, ela morreu depois de ter 80% do corpo queimado ao cair em uma poça de gasolina no vazamento de um oleoduto ocorrido na madrugada do dia 26 de abril de 2019, em Duque de Caxias[50]. De 2013 a 2020, segundo

49. *Disponível em: http://www.oeco.org.br/reportagens/28021-baia-de-guanabara-vazamento-da-petrobras-completa-14-anos/.*

50. *Disponível em: https://g1.globo.com/rj/rio-de-janeiro/noticia/2019/05/23/morre-menina-que-caiu-em-poca-de-gasolina-em-duque-de-caxias.ghtml.*

GRUPOS MILICIANOS
O nome milícia, para designar grupos criminosos que contam com agentes da segurança pública estadual (como policiais militares e bombeiros), surge em 2005. Na ocasião, uma reportagem assinada pela jornalista Vera Araújo, no jornal "O Globo", cravava: "Milícias de PMs expulsam tráfico". O texto revelava que grupos de policiais e ex-policiais tinham assumido o controle de 42 favelas na Zona Oeste do Rio.

informações do Instituto Estadual do Ambiente (Inea), somente a cidade de Caxias registrou 21 ocorrências de vazamentos derivados de dutos de petróleo. As ações de grupos milicianos na região vêm se intensificando nos últimos anos.

O vazamento mais volumoso ocorreu em 8 de dezembro de 2018, quando 58.200 litros de combustível de oleoduto (Osduc-1) da Transpetro foram vertidos ao Rio Estrela, em Magé, uma área de manguezal a apenas dois quilômetros do espelho d'água da Guanabara. Só que a estatal enviou ao órgão ambiental o diagnóstico de danos ambientais apenas um ano e 11 meses depois. Multada em R$ 7 milhões, a Transpetro aponta que há vegetação em processo de regeneração e nega impactos mais significativos.

Lama na boca da baía

Segundo o movimento Baía Viva, o número de pescadores artesanais foi reduzido em 66% na Baía de Guanabara nas últimas três décadas. O ambientalista Sérgio Ricardo Lima critica o que chama de "apagão de dados ambientais" — estima-se que na Guanabara atuem diretamente 18 mil pescadores, mas o dado é incerto — e lamenta o descaso com a prática milenar:

> A grande contradição gerada pela hegemonia da indústria petroleira, ou petróleo-dependência, é que o trabalhador do mar que produz alimento, atualmente, sofre insegurança alimentar e fome. No estado do Rio há um apagão de dados ambientais, da saúde dos recursos hídricos e da pesca artesanal[51].

51. *Entrevista ao autor em 20 de dezembro de 2020.*

A dinâmica nociva dos despejos de bota-fora de resíduos de dragagem expressa esse descuido com a pesca. Ao longo dos últimos nove anos, empreendimentos portuários dentro da baía movimentaram um volume estimado de três a quatro estádios

BOTA-FORA
Locais que recebem restos de resíduos, sejam de construção civil ou de dragagens.

do Maracanã lotados de lama e de areia contaminada por metais pesados, oriundo dos portos do Rio, de Niterói e da Praia da Beira, em São Gonçalo, além do Canal do Cunha. As embarcações lançaram esses sedimentos, boa parcela contaminada, na entrada da Baía de Guanabara, poluindo as praias de Niterói e impedindo a pesca e as atividades de mergulho[52].

Alertada pelo Ministério Público, a juíza Roseli Nalin, da 5ª Vara da Fazenda Pública do Rio, determinou, em abril de 2014, a suspensão do despejo num ponto a 15 quilômetros da Praia de Itaipu, em Niterói. No entanto, um mês depois, o desembargador Lúcio Durante, da 19ª Câmara Cível, concedeu efeito suspensivo em favor do Instituto Estadual do Ambiente (Inea), que havia autorizado o descarte[53]. O desembargador, em seu voto, considerou que a interrupção do descarte "poderia resultar na diminuição do calado dos canais de acesso e bacias de evolução dos portos do Rio de Janeiro e Niterói, das operações marítimas e portuárias de tais portos, além da perda da competitividade do estado do Rio de Janeiro em relação a outros estados costeiros".

Uma decisão equivocada, para o mergulhador Otto Sobral: "Esses dejetos vêm soterrando uma área atrativa para cardumes. Os relatos de pescadores de captura de lixo indicam que o ponto não é o mais adequado ao descarte"[54].

As dragagens sucessivas para as atividades portuárias do Rio e de cidades vizinhas vêm causando impactos gigantescos ao ecossistema, embora tudo seja licenciado pelo Inea. Estudos da Universidade Federal Fluminense (UFF) apontam que a pilha de lama no chamado "Ponto F", que dista 15 quilômetros da Praia de Itaipu, já atingia mais de 10 metros de altura em 2020 — o que contraria as condicionantes das licenças. Alternativas de dragagens de menos impacto não vêm sendo usadas na Guanabara. Uma dessas alternativas chegou a ser usada, com sucesso, no Porto Sudeste (localizado na Baía de Sepetiba).

Não é de hoje que a Guanabara virou a base da indústria offshore. O vaivém de navios tem sido cada vez maior, e isso

52. *Informe enviado pelo ecologista Sérgio Ricardo, publicado no "Portal EcoDebate" em 17 de dezembro de 2014. Disponível em: http://www.ecodebate.com.br/2014/12/17/rj-ibama-podera-rever-licenciamentos-ambientais-de-empreendimentos-poluidores/.*

53. *Consulta do processo número 0022842-81.2014.8.19.0000 no site do Tribunal de Justiça do Rio (TJRJ).*

54. *Entrevista ao autor em abril de 2014.*

se reflete nos números oficiais. Em uma década, o aumento da circulação de navios na baía impressiona: de 2009 a 2014 foram 22.643 atracações no Porto do Rio. De 2015 a 2020[55], 44.230, segundo informações da Companhia Docas do Rio de Janeiro. Um avanço de 95,33%. Os consolidados, ano a ano, mostram que o ápice da atividade portuária no Rio, nos últimos 12 anos, aconteceu em 2015 e 2016, que superou em 75% a registrada no biênio anterior (2013 e 2014). A exploração do pré-sal turbinou a movimentação de embarcações no período.

55. *Até 4 de dezembro de 2020.*

QUANTIDADE DE ATRACAÇÃO DE NAVIOS NO PORTO DO RIO

2009	1.568	**2015**	9.603
2010	2.374	**2016**	8.116
2011	3.861	**2017**	6.975
2012	4.745	**2018**	6.980
2013	4.897	**2019**	7.065
2014	5.198	**2020**	5.491

FONTE: Companhia das Docas do Rio de Janeiro (CDRJ), dezembro de 2020.

Comperj: licenciamento com omissões e inconsistências

Iniciado em 2006, o processo de licenciamento do Complexo Petroquímico do Rio (Comperj) exemplifica a magnitude das transformações do ecossistema na história recente da Guanabara. Foram concedidas 52 licenças só para instalação de canteiros de obras, que geraram 816 obrigações a cumprir. O Comperj, orçado em impressionantes US$ 8,38 bilhões em 2007[56], prometia ser um divisor de águas ao possibilitar o domínio de operações de refino com a produção, sobretudo, de polietileno (PE), polipropilenos (PP) e polietileno tereftalato (PET), visando os mercados interno e externo. A projeção do governo do estado e da União era inaugurar a refinaria em 2012, mas até hoje a construção não terminou. Apesar da quantidade de condicionantes e contrapartidas ambientais, inéditas na história recente do estado, o empreendimento ainda gera uma série de controvérsias e impasses.

Para a 2ª Promotoria de Justiça de Tutela Coletiva de Itaboraí e Magé, onde tramitam nove inquéritos sobre o Comperj, o processo de licenciamento do complexo apresentou "omissões, inconsistências e incorreções", que impedem a correta avaliação dos impactos no meio ambiente (Alencar e Galdo, 2014, p. 14). O processo de licenciamento exigiu contrapartida inédita de R$ 900 milhões para o meio ambiente em cidades do entorno.

Em 2018, o Ministério Público Estadual ingressou com cinco ações civis públicas contra a Petrobras e o Instituto Estadual do Ambiente (Inea). No ano seguinte, essas ações viraram Termos de Ajustamento de Conduta (TAC), ou seja, documento no qual o acionado se compromete a ajustar alguma conduta considerada ilegal e que vai passar a cumprir a lei. Entre esses compromissos está a aplicação de R$ 98 milhões para o esgotamento sanitário em Itaboraí e Maricá e R$ 11 milhões para ações de reforço hídrico na região.

56. *Disponível em: http://www.observatoriodopresal.com.br/wp-content/uploads/2011/08/Apresenta%C3%A7%C3%A3o-EIA-EM-TODOS-OS-VOLUMES.pdf.*

A Petrobras se compromete ainda com a restauração de 5.005 hectares de Mata Atlântica, majoritariamente na baía hidrográfica da Guanabara. Certamente o maior programa de plantio já anunciado no estado do Rio de Janeiro. Com valor estimado em mais de R$ 396 milhões, o programa – chamado Florestas do Amanhã – tinha contratos fechados com quatro empresas para uma primeira etapa de recuperação de 450 hectares, assinados em agosto de 2021. Se o Comperj minguou e até mudou de nome (PoloGasLub Itaboraí), algumas boas notícias surgiram em meio ao derretimento das expectativas de um novo epicentro gerador de desenvolvimento.

O "ELDORADO" QUE VIROU PÓ

Quem passava pelo centro de Itaboraí há oito anos notava uma atmosfera efervescente. A promessa do Governo Federal era transformar a cidade, com milhares de postos de trabalho ligados ao Comperj. A promessa do eldorado no Leste Fluminense virou pó em pouco tempo. Reportagem da BBC Brasil divulgada pelo portal UOL em 13 de fevereiro de 2015 (Puff) mostra que, segundo o Sintramon (sindicato que representa os trabalhadores em Itaboraí), até junho de 2014 eram 18 mil operários na obra. Com a crise financeira e política que teve início em 2015 restariam apenas seis mil, uma expressiva queda de 66% em menos de dois anos. Em abril de 2021, com novo escopo, o quantitativo era ainda menor: cerca de 4,5 mil funcionários realizando obras específicas e focadas na Unidade de Processamento de Gás Natural, a obra prioritária, de acordo com o Sintramon. O projeto da construção do megacomplexo de refino, que deveria ter ficado pronto em 2014, virou uma enorme incógnita.

Botos, cavalos-marinhos e tartarugas tentam resistir

Presentes no brasão oficial da cidade do Rio de Janeiro, os botos-cinza (*Sotalia guianensis*) carregam uma história de resistência na Baía de Guanabara. Habitando as áreas internas, principalmente o trecho entre a Ilha de Paquetá e Magé, eles já foram 800 na década de 1970. Hoje não passam de 30 indivíduos, segundo o Laboratório de Mamíferos Aquáticos e Bioindicadores (Maqua) da Uerj. Os mamíferos são monitorados pela universidade desde 1995. Biólogos já sabem que as dragagens alteram as características do ambiente e são um forte fator de estresse, o que contribui para a morte dos botos, assim como a altíssima poluição acústica. Nos últimos 26 anos, foram registradas mortes de mais de 60 animais. Os cetáceos vivem cerca de 30 anos, e a maioria deles passa a vida inteira dentro da Guanabara. A presença dos botos é conhecida desde 1874.

"A gente estima que a população [da Guanabara] tenha 80% de fêmeas. A mãe fica cuidando dois, três anos do filhote. Os machos costumam se dispersar mais, em grupos menores. Provavelmente a contaminação faz com que haja dificuldade na reprodução", diz José Lailson Brito Júnior, chefe do Maqua-Uerj: "São animais muito desconfiados, e, diante de qualquer barulho, saem fora"[57].

Os botos da Baía de Guanabara, apesar de resistentes, estão entre os animais mais contaminados do mundo e podem deixar de existir naquele ecossistema. José Lailson afirma que compostos de origem industrial, muitos já banidos no país, podem ser observados nos tecidos dos animais:

> As contaminações nos botos são o retrato do que é a Baía de Guanabara. O PCB [do inglês *polychlorinated biphenyls*], conhecido como ascaréu, aparece em concentrações elevadíssimas. O produto era muito usado em transformadores de rua, que estavam presentes em toda a Região Metropolitana.

57. *Entrevista ao autor em 3 de dezembro de 2020.*

> Como o Brasil tem má gestão de resíduos, acabaram em ferros-velhos, e indo para o lençol freático, consequentemente para a baía. Há ainda altas concentrações de DDTs, usados para controle de doenças no passado, e HPAs, compostos que tem relação com a indústria do petróleo[58].

O arisco *Sotalia guianensis* é uma espécie vulnerável, de acordo com o Instituto Chico Mendes de Conservação da Biodiversidade (ICMBio). A baixa taxa de fecundidade das fêmeas contribui para a ameaça de desaparecimento do boto: elas têm apenas um filhote num intervalo de três a quatro anos. Segundo José Lailson,

> existe uma certa estabilidade nesse número de 30 indivíduos [dentro da baía], mas é um número muito baixo e arriscado. Mas alguns movimentos nos trazem esperanças. Em 2013, quatro machos vindos de Sepetiba entraram na Guanabara. Um permanece até hoje. Tem boto-cinza que passa constantemente na boca da Baía. Esses movimentos podem trazer mais animais para cá. Eles continuam circulando pela baía, mas são muito poucos. Desde a construção da Linha Vermelha eles não vão à Praia de Ramos. Saiu em 1992, na capa do 'Jornal do Brasil', o último registro deles por lá.

Uma pesquisa de 2014 feita por oceanógrafos da Uerj (Kugler, 2014) revela que os índices de poluição sonora na Baía de Guanabara são os piores do mundo, podendo afetar a sobrevivência dos botos que se orientam e se comunicam por sons. Qualquer alteração ou aumento de ruídos pode levá-los à morte. As medições registraram cerca de 108 decibéis. Em condições naturais, o esperado são 90 decibéis. Na APA de Guapi-Mirim foram registrados os menores níveis de decibéis, mais próximos dos 90 decibéis.

58. Entrevista ao autor em 3 de dezembro de 2020.

Um dos botos remanescentes da Baía de Guanabara.
FOTO: CUSTODIO COIMBRA©

Outras duas espécies de golfinhos (nome genérico para os cetáceos do tipo) também têm sido avistadas no interior da baía, como o golfinho-de-dentes-rugosos e o golfinho-nariz-de-garrafa. Baleia-de-bryde e baleia-franca não costumam entrar na baía, mas aparecem de vez em quando na boca. Diferentemente dos botos-cinza, esses mamíferos não são residentes fixos da baía, mas entram sazonalmente em águas abrigadas atraídos por cardumes de peixes-espada. De acordo com José Lailson,

> temos registros anuais do golfinho-de-dentes-rugosos, principalmente a partir de maio. O curioso é que são sempre os mesmos, 160 animais que costumam frequentar da Guanabara à Baía de Ilha Grande. Inclusive no Canal do Cunha, em 2017, os avistamos. No Fundão também. É uma espécie que tem uma postura diferente: se tiver comida eles vão se embrenhando. Usam muito a região da Ponte voltada ao mar. Eles raramente entram em Sepetiba e muito dentro da Guanabara. O nariz-de-garrafa entra, mas permanece menos tempo, principalmente na área de Jurujuba, em Niterói, se alimentando.

Há outros "moradores" da Guanabara que resistem bravamente, como três espécies de cavalos-marinhos: cavalo-marinho-do-focinho-longo (*Hippocampus reidi*), cavalo-marinho-do-focinho-curto (*Hippocampus erectus*) e cavalo-marinho patagônico (*Hippocampus patagonicus*). Esses peixes ósseos vivem aproximadamente três anos na natureza e, a despeito da poluição da baía, podem ser encontrados em diversos locais, como nas profundidades do canal central da Guanabara. Estudos complementares sobre os hábitos do peixe estão sendo realizados pela equipe da bióloga Natalie Freret-Meurer, da Universidade Santa Úrsula (USU).

> Aqui no Rio de Janeiro, os cavalos-marinhos são comuns em costões rochosos. Mas como eles entram e saem da baía, também circulam pelo canal central [onde há troca de água com o mar]. Inclusive, o patagônico já foi capturado ali. Eles podem ficar até a 50 metros de profundidade. A predação é pequena, pois não são peixes atrativos, por causa de ossos[59].

Mas os cavalos guanabarinos não estão, por motivos óbvios, livres de dissabores. Em abril de 2015, durante uma expedição em busca de visualização de cavalos-marinhos na Guanabara, o biólogo César Bernardo Ferreira foi surpreendido por uma água escura, de mau cheiro e oleosa nos arredores da Praia da Engenhoca. Era o resultado do derramamento de produtos da fábrica de lubrificantes Cosan. A Secretaria do Ambiente aplicou multa de R$ 35 milhões à empresa. O caso ajuda a explicar a razão de o biólogo ter encontrado menos cavalos-marinhos no local.

> Tive que sair correndo da água, pois estava me intoxicando. Perdi todos os meus equipamentos. As indústrias contam com a certeza da impunidade. Depois do episódio, o Instituto Estadual do Ambiente (Inea) fez medições da qualidade da água e registrou parâmetros de poluentes nove vezes acima do permitido[60].

59. Entrevista ao autor em 1º de dezembro de 2020.

60. Entrevista ao autor em agosto de 2015.

A presença de tartarugas marinhas também serve como alento de que nem tudo está perdido. A coordenadora do projeto Aruanã, Suzana Guimarães, relata a presença de tartarugas-verde (Chelonia mydas) em diversos pontos da baía. Mais uma vez, um caso de ameaça. Considerados espécies vulneráveis pelo ICMBio, esses répteis enfrentam adversários implacáveis: hélices de embarcações, vírus, poluição de microlixo. Um estudo apontou que das 399 tartarugas-verdes encalhadas na Baía de Guanabara, entre setembro de 2016 e agosto de 2020, 183 (45,8% dos animais) tinham presença da doença fibropapilomatose, um tipo de herpesvírus que causa tumores que podem comprometer a capacidade de enxergar, de se alimentar e de nadar, podendo levar as tartarugas marinhas à morte. Os dados são do Sistema de Informação do Monitoramento da Biota Aquática do Projeto de Monitoramento de Praias da Bacia de Santos, patrocinado pela Petrobras.

> Muitos indivíduos chegam à baía sem o vírus, mas acabam apresentando a doença depois do contato com a poluição. A ingestão de microlixo também é um problema bastante comum. Outro é o choque com embarcações e a captura de tartarugas em rede de pesca[61].

Suzana conta que a Chelonia mydas chega à Praia de Itaipu, por exemplo, vinda de populações do Caribe, da África, da Ilha da Ascensão (território britânico do Atlântico Sul) e dos litorais brasileiros de Atol das Rocas, Fernando de Noronha e Ilha da Trindade. Os quelônios nascem, e viajam quilômetros até áreas de alimentação, como a Baía de Guanabara. Quando chegam a aproximadamente 90 cm de comprimento de casco começam a regressar aos locais de origem. Ou seja, as tartarugas não se reproduzem na Guanabara. A pandemia do novo coronavírus, reforça a pesquisadora, não alterou a presença desses animais em territórios guanabarinos — elas sempre estiveram por aqui.

61. Entrevista ao autor em 19 de dezembro de 2020.

Inclusive, o número de embarcações fundeadas no fundo da baía aumentou 16,7% de março a setembro de 2020, passando de 388 para 453, segundo a Capitania dos Portos. Do ponto de vista dos impactos à fauna, essa não é uma boa notícia.

Movimentos sociais: a baía em foco

Na esteira da Rio-92, a conferência das Nações Unidas que trouxe 178 chefes de Estado ao Rio de Janeiro para discutir os rumos do planeta, uma série de movimentos ambientalistas passaram a atuar na defesa da Baía de Guanabara. Um deles teve suas ideias resgatadas em agosto de 2015, ao promover uma barqueata de repúdio à situação de degradação da Guanabara: o movimento Baía Viva, que reúne atletas amadores e profissionais, como a iatista Isabel Swan, medalhista nos Jogos Olímpicos de Pequim 2008; pescadores; ambientalistas; ONGs; pessoas que moram nas cercanias da Baía e aqueles que já estavam envolvidos na causa.

Entre as organizações com histórico de ação ambiental e social na Guanabara estão Guardiões do Mar, Confrem Brasil, Programa de Educação Ambiental da Baía da Guanabara (PEA-BG), Projeto de Monitoramento da Atividade Pesqueira no Estado do Rio de Janeiro/Fiperj e Fórum de Pesca da Baía da Guanabara. Em dezembro de 2020 foi criado o movimento "Viva Água", idealizado pela Fundação Grupo Boticário de Proteção à Natureza para melhorar a qualidade e disponibilidade de água na bacia da Guanabara.

A proteção do bosque de manguezais do fundo da Guanabara tem na Guardiões do Mar, responsável pelo Projeto Uçá, grande aliada. Pedro Belga, biólogo que cresceu fascinado pela baía, planeja plantar, até o final da década, 500 mil mudas de árvores de mangue. Com a comunidade tradicional de Itambi, em Itaboraí, ele capitaneou uma grande ação de limpeza que retirou, em 28 hectares, 35 toneladas de lixo durante os meses de defeso do crustáceo, de 2015 a 2020.

DEFESO
Proibição da pesca enquanto a espécie se reproduz. A reprodução ocorre em quatro datas diferentes no ano de 2021. São elas:
14 a 19 de janeiro,
29 de janeiro a 3 de fevereiro,
28 de fevereiro a 5 de março e
29 de março a 3 de abril.

Outra entidade de destaque na região é a Associação Homens e Mulheres do Mar da Baía de Guanabara (Ahomar), com sede em Magé e liderada por Alexandre Anderson. Em junho de 2012, dois integrantes da associação foram encontrados mortos nas proximidades de currais de pesca da baía. Alexandre, que em 2009 foi incluído no Programa Nacional de Proteção aos Defensores de Direitos Humanos e passou a andar com a escolta de policiais, denunciou a atuação de grupos de extermínio controlando a atividade pesqueira na baía.

Quatro meses após os assassinatos de João Luiz Telles Penetra, de 40 anos, e Almir Nogueira de Amorim, de 45, a Divisão de Homicídios anunciou a prisão de Fabiano Augusto da Costa, de 31 anos, que confessou ter matado os pescadores da Ahomar. De acordo com o então delegado titular da especializada, Rivaldo Barbosa, Fabiano disse que os pescadores vinham roubando peixes de seus "currais" há cinco anos e decidiu fazer justiça com as próprias mãos. O delegado se disse aliviado com a conclusão do caso, que ganhou bastante repercussão na mídia, e afastou todas as possibilidades de o crime ter conexão com milícias do mar ou política, ressaltando ter sido uma disputa de território entre pescadores.

Alexandre Anderson, por outro lado, jamais concordou com o desfecho da investigação. Para ele, grupos ligados ao poderio da indústria do petróleo têm agido para constranger os pescadores, ou, em última instância, até impedir a atividade.

CRISE AMBIENTAL E POLÍTICA:

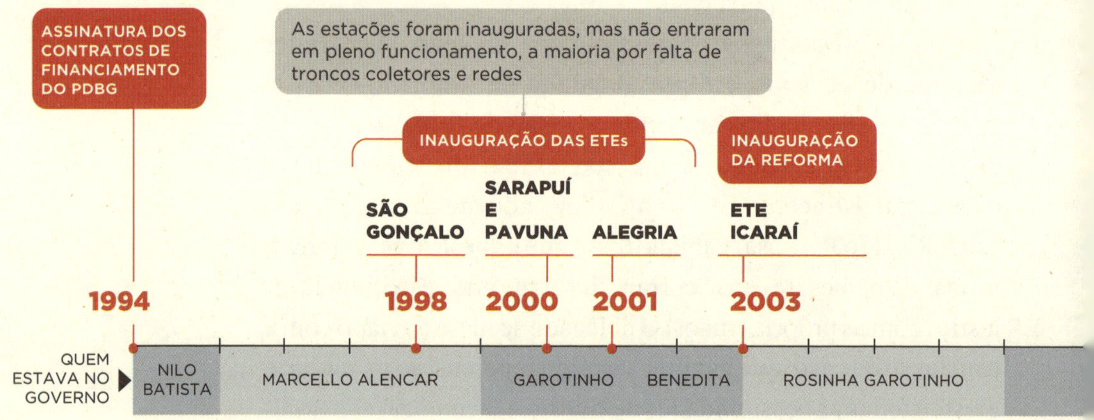

O TRÁGICO ENREDO DAS OBRAS PÚBLICAS NO BRASIL, que conjuga promessas fantásticas, execução pífia, licitações fraudulentas, inúmeros adiamentos e desfecho melancólico, talvez tenha na Baía de Guanabara o caso mais emblemático. Nos últimos 26 anos foram injetados US$ 1,2 bilhão na recuperação do ecossistema pelo Programa de Despoluição da Baía de Guanabara (PDBG)[62], que visava melhorar acentuadamente o aspecto de suas águas. Aliás, no batismo do projeto, coordenado pelo governo estadual, muitos especialistas já enxergam a primeira grande falha: mesmo se fosse totalmente executado no prazo estipulado (a data inicial de término era o ano de 1999), o PDBG não seria capaz de efetivamente despoluir aquele ecossistema.

62. Valores corrigidos pela inflação com o ano de 2015 como referência.

AS PROMESSAS VAZIAS

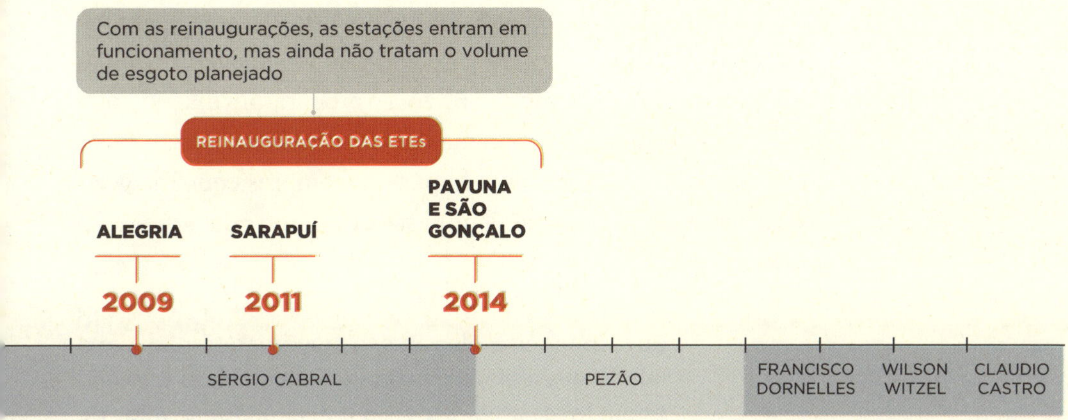

De um jeito ou de outro, o fato é que o programa jamais foi concluído, após atravessar sete governos estaduais sem resultados significativos na melhoria da qualidade ambiental da baía. Oficialmente, no entanto, os contratos foram encerrados em 2006, sete anos depois de o prazo estabelecido pela primeira etapa expirar. Aprovado pelo Banco Interamericano de Desenvolvimento (BID) em 1993 e assinado um ano depois, o PDBG tinha como base cinco diretrizes, abrangendo saneamento, drenagem, resíduos sólidos, projetos ambientais e mapeamento digital.

Poucos conhecem tão profundamente os meandros do maior programa ambiental da baía quanto o arquiteto e sociólogo Manuel Sanches. De 1990 a 1993, durante o governo de Leonel

Brizola, ele coordenou o Grupo Executivo da Despoluição da Baía de Guanabara (Gedeg) e foi o responsável pela articulação do governo com as principais fontes financiadoras: o BID e a Jica (*Japan International Cooperation Agency*), organização japonesa de fomento ao desenvolvimento.

"Brizola burlou regras do BID"

Sanches relata que os impasses políticos não tardaram a aparecer. Em abril de 1993, antes mesmo de a primeira tubulação de esgoto sair do papel, funcionários de Brizola o procuraram dizendo que o governador havia pedido uma dispensa de licitação em favor da Promon Engenharia, uma importante empresa que iria gerir os recursos do programa. O impasse culminou na exoneração do arquiteto.

> Eu expliquei a eles que o governador não tinha falado pessoalmente comigo. E justifiquei que não podia fazer uma dispensa de licitação no valor de US$ 5 milhões. Entreguei ao chefe de gabinete do Brizola, o Siqueira Castro, um relato detalhado mostrando os motivos pelos quais eu não poderia dispensar licitação. No dia seguinte, na tarde do dia 12 de abril de 1993, recebi a informação de uma jornalista de "O Globo" de que eu seria exonerado, e que o Jayme Lerner me substituiria. Então eu liguei para o Fernando Brito, secretário de Comunicação da época, que não me atendeu. Minutos depois, com outra fonte do governo, consegui confirmar que, de fato, estava fora[63].

No dia seguinte, em 13 de abril de 1993, a capa de "O Globo" estampou manchete que trazia notícia da exoneração de Sanches. Acuado pela sociedade civil e por grupos de ambientalistas, que exigiam licitação para obras de saneamento na

63. Entrevista ao autor em junho de 2015.

Baía de Guanabara, Brizola passou a defender a dispensa de licitação em favor da Promon — responsável pelos projetos dos Centros Integrados de Educação Pública (Cieps) e pelas obras da Linha Vermelha — com diversos argumentos. Costumava dizer que "licitação é que nem médico: você tem que escolher o que você acha que é o melhor", segundo Manuel Sanches. A Promon acabou fora do contrato, mas o programa já começava a ser maculado desde o seu nascedouro.

Manuel Sanches ressalta que o PDBG nunca foi encarado por Brizola como uma prioridade. O "velho caudilho", realmente, sempre deixou claro que sua prioridade era investir em projetos educacionais, como a implantação dos Cieps.

> Para início de conversa, o Brizola não queria o projeto. Ele dizia assim para mim: "Mas doutor Manuel, olhe só, com esse dinheiro eu faço 113 Cieps". E eu dizia para ele: "Esse dinheiro vem com juros baixíssimos, governador. Esse é um projeto de repercussão mundial e importantíssimo".

Em São Gonçalo, três inaugurações, nenhum litro de esgoto tratado

Embora os contratos tenham sido assinados em 1994, as obras do PDBG só começaram a ser executadas um ano depois, na gestão de Marcello Alencar à frente do estado do Rio (janeiro de 1995 a dezembro de 1998). Em dezembro de 1998, a primeira grande estação de tratamento de esgoto foi inaugurada: a de São Gonçalo, com capacidade para tratar 750 litros por segundo. Até hoje, ela não recebe nem metade disso, apesar de ter sido inaugurada em três ocasiões diferentes. Em todas as oito estações construídas ou reformadas faltam, simplesmente, as redes que as ligariam às casas, aos comércios e às indústrias.

Foi como se uma portentosa residência fosse erguida, mas sem os alicerces de sustentação: faltou a contrapartida estadual, que iria para a instalação das redes de esgoto. A conclusão da primeira etapa do PDBG foi fixada em 1999, mas sofreu pelo menos cinco adiamentos. Seis anos depois, o programa era encerrado, num desfecho melancólico para o Rio, alvo ainda hoje de duras críticas do banco de fomento japonês. Ao fim dos contratos, foi classificado como "pouco efetivo", "insatisfatório", "pouco relevante" e "pouco provável" pelo próprio BID.

Do outro lado da baía, no Caju, metade da ETE Alegria continua parada. As obras que previam as construções de redes de esgoto ligando regiões importantes, como o Complexo do Alemão e a Maré, seguem lentíssimas. Inaugurada em julho de 2001, a ETE foi reativada sete anos e seis meses depois, no governo de Sérgio Cabral. Projetada há duas décadas para tratar cinco mil litros de esgoto por segundo, a unidade trata em média 1.950 litros por segundo (ou 39% do previsto). Foram incontáveis as vezes em que autoridades renovaram prazos para a entrega das oito estações de tratamento de esgoto do entorno da baía em total funcionamento.

Afinal de contas, com todos os problemas que ainda persistem, o PDBG deu certo? Manuel Sanches afirma que, do ponto de vista técnico, sim. O que ele não esperava é que os políticos "abocanhassem uma fatia de 30% dos recursos". Ele fez o cálculo, ressaltou não ter provas, mas argumentou que esses desvios de dinheiro "têm sido a história do Brasil":

> O problema não foi o programa em si. Foram os gestores e políticos que não deram a ele prioridade. Não tiveram competência e interesse em gastar um dinheiro que era totalmente recuperável. Não houve vontade política de fazer, ou porque o programa estava vinculado a um político anterior, ou porque não renderia votos.

> De qualquer forma, se o projeto não tivesse existido, o quão pior ela (a baía) não estaria hoje? Quanto você acha que se investiu para construir as redes de esgoto no Rio e nas cidades vizinhas da baía? Muito mais, em termos de valores atuais, do que os R$ 10 bilhões que dizem serem necessários para despoluir. Mas estamos falando em mais de 80 anos de investimentos. Se o PDBG fosse feito corretamente e dentro do prazo, é claro que teríamos receita suficiente para pagar os novos investimentos[64].

A falta de um sistema de arrecadação suficiente pelos municípios foi, na avaliação do gestor pioneiro do PDBG, o maior pecado. Para garantir que o BID aprovasse novas etapas de obras de esgotamento sanitário, era necessário pagar pelas intervenções. Para isso, os municípios deveriam aumentar a receita de IPTU sem alterar a alíquota, apenas elevando a base de recolhimento. Mas o projeto de mapeamento digital, instrumento fundamental para garantir o controle da arrecadação, jamais saiu do papel, lamenta Sanches:

> Se isso tivesse sido feito, e com parte do recurso aplicado em ações ambientais, estaríamos hoje numa situação melhor. Quanto você acha que um imóvel em São Francisco (Niterói) ou nos bairros cariocas de Ramos, Botafogo, valeria a mais se as praias fossem balneáveis? A melhoria ambiental da baía é um processo contínuo. Ela é um fluxo de água que se recupera naturalmente ao longo de anos. Não tenho a menor dúvida.

A má reputação do PDBG

"Não é um projeto que teve boa reputação no banco", reconheceu Yvon Mellinger, representante do Banco Interamericano de Desenvolvimento (BID), em março de 2012 (Werneck, 2012).

64. Entrevista ao autor em junho de 2015.

Na avaliação dele, o projeto teve êxito relativo, mas "demorou muito" a sair do papel.

Para Mellinger, a pior dificuldade foram as falhas nas aplicações das contrapartidas do Governo do Rio. "O estado passou por momentos difíceis. Não era o Rio de Janeiro que conhecemos hoje, com crescimento econômico e bom relacionamento com o Governo Federal", avaliou, sobre um momento anterior à crise econômica de 2015.

O engenheiro sanitarista José Stelberto Porto Soares acompanhou todo o processo das obras de saneamento do Rio desde a década de 1960. Ex-diretor da Cedae, ele avalia que o PDBG errou ao abrir muitas frentes de trabalho e não pensar a baía em setores. E concorda com Manuel Sanches que "questões políticas" foram as grandes vilãs:

> Se escolhesse atuar em algumas sub-bacias, e não em tantas, como fez, o PDBG poderia ter saneado regiões inteiras. Por questões políticas, principalmente, abriu demais e até hoje, 20 anos depois, não conseguiu sanear sequer uma das sub-bacias da enorme bacia da Baía de Guanabara.
>
> A sub-bacia do Canal do Mangue é um exemplo. Ela tem cinco rios que deságuam nesse canal, que por sua vez deságua na Baía da Guanabara. Os rios Papa Couve, Comprido, Trapicheiros, Maracanã e Joana são rios de esgoto, apesar da ETE [estação de tratamento de esgoto] da Alegria, no Caju, ter sido construída, mas não as redes para coletar os esgotos nos diversos bairros.
>
> O bairro de Vila Isabel, nessa sub-bacia, ainda é esgotado por sistema construído pelo segundo contrato que D. Pedro II assinou com uma empresa inglesa aproximadamente em 1870. Essa rede funciona, mas está saturada e cheia de saídas para a drenagem, que leva tudo para o rio[65].

65. Entrevista ao autor em agosto de 2015.

Em 2003, o PDBG foi foco de uma Comissão Parlamentar de Inquérito (CPI) da Assembleia Legislativa do Estado do Rio de Janeiro. A CPI chegou a uma série de malfeitos, para usarmos um termo bastante recorrente: concluiu que houve contrato de empresas sem licitação; paralisação de obras sem término; atrasos na conclusão de troncos coletores e redes; superfaturamento em notas de mão de obra; erro em emissão de notas, entre outros.

"Vejo a mesma novela se repetir há 12 anos: ou dizem que não há dinheiro ou que o Tribunal de Contas suspendeu a licitação", lamenta a procuradora de Justiça Rosani Cunha, autora de uma ação civil pública sobre o PDBG, em 2007 (Alencar, 2019). Das 24 obras importantes do programa, houve pactuação, entre MP, governo e Cedae, para a realização de quatro prioritárias. O termo de mediação foi assinado há seis anos, na segunda instância judicial. Nada avançou. Para ela, só haverá avanços efetivos com verbas amarradas ao orçamento estadual e com empenho garantido. Hoje atuando como articuladora do Grupo Temático Temporário para a Segurança Hídrica, do Ministério Público Estadual, Rosani lamenta a profusão de "informações desencontradas" fornecidas pelos órgãos ambientais. "É impossível saber de fato os avanços físicos das obras na última década", resume.

PSAM, o sucessor

Em 2011, ainda sem que todas as ações do PDBG tivessem sido entregues, o governo do estado, com Sérgio Cabral à frente, aprovou o financiamento do Programa de Saneamento dos Municípios do Entorno da Baía de Guanabara (PSAM). Era um voto de confiança do Banco Interamericano de Desenvolvimento (BID).

Convencer investidores internacionais de que dessa vez tudo seria diferente não foi nada fácil. Ainda em 2010, o Tribunal de Contas do Japão (*Board of Audit of Japan*) estava prestes a publicar uma moção de repúdio ao Governo do Rio, pelo total fiasco do PDBG. Preocupados, gestores da área do meio ambiente alertaram Cabral de que o efeito do comunicado seria péssimo para o Rio. Era preciso fazer alguma coisa. O governo conseguiu, então, que o BID enviasse um documento ao Japão atestando que financiaria novos investimentos em saneamento.

Com a Cedae malvista no caso do PDGB, o PSAM seria coordenado pela Secretaria do Ambiente, uma ideia da ex-secretária da pasta Marilene Ramos, bem recebida por Cabral. A nova sopa de letrinhas sucessora do PDBG teve contrato de financiamento assinado em março de 2012 e previa investimentos de US$ 452 milhões (BID) e contrapartida estadual de US$ 188 milhões. Em valores do dia 30 de outubro de 2020, mais de R$ 2,61 bilhões.

Ex-gerente-executivo do PSAM, Gelson Serva aceitou contribuir com esse livro por diversas ocasiões. Ele diz que foi preciso partir "do zero" para conferir ao programa credibilidade. A Secretaria de Estado do Ambiente (SEA), então, ajudou a elaborar junto aos municípios do entorno da baía Planos Municipais de Saneamento (água e esgoto) e Estudos de Planejamento Técnico. Dessa vez, a maior parte das redes de água e esgotos foi, enfim, detalhada, georreferenciada e disponibilizada publicamente no site da SEA[66] — com atraso de pelo menos 15 anos.

Gelson Serva afirma que foram muitas as dificuldades do PSAM:

> A primeira dificuldade para a formulação do programa era a falta de informações sobre a real situação dos sistemas de coleta de esgotos sanitários nos quinze municípios que compõem a bacia hidrográfica da Baía de Guanabara. Como propor um programa de longo prazo, com projetos de infraestrutura, se não era possível fazer um diagnóstico abrangente? A própria Cedae não dispunha desses dados de forma organizada e consolidada. Não havia um planejamento integrado sobre o sistema de esgotamento sanitário, mas apenas alguns projetos isolados.

66. Ver mais em: http://psam.maps.arcgis.com/home.

> Então, nesse mesmo período (2012-2013), contratamos projetistas e elaboramos os projetos de engenharia para os empreendimentos selecionados e já contratamos duas importantes obras: a construção do Sistema de Esgotamento Sanitário de Alcântara/São Gonçalo, em 2014, e a construção do tronco coletor Cidade Nova, para despoluição do Canal do Mangue no Centro do Rio[67].

Serva acrescenta que a meta de tratar 80% dos esgotos da baía — estabelecida pelo governo do estado e pelo Comitê Olímpico Internacional (COI), como vimos anteriormente — ainda não aparece no horizonte como algo factível a curto prazo:

> Quando forem concluídas essas duas obras e mais as obras para a complementação da rede de esgotos da ETE Pavuna, previstas no PSAM, bem como as outras obras programadas pelo governo do estado, de ampliação da ETE Alegria e construção dos troncos Faria-Timbó e Manguinhos e rede de coleta de esgotos no complexo da Maré, alcançaremos cerca de 60% de coleta e tratamento de esgotos em relação a todo entorno da Baía de Guanabara.

A empolgação dos anos iniciais deu lugar à preocupação, em 2017, quando começaram a circular as primeiras informações de que o programa corria o risco de ser descontinuado, caso o Governo Federal, fiador do empréstimo, não entrasse em acordo com o Estado do Rio sobre a renegociação da dívida. Naquele ano, os recursos do BID chegaram a ser arrestados para o pagamento do funcionalismo público. Em meados de 2018, o banco acabaria por retirar todos os recursos do programa, e a situação segue em suspenso. Em 2019, o então governador Wilson Witzel convidou o ministro da Economia, Paulo Guedes, para apresentar as bases do PSAM, numa tentativa de reverter a derrocada. Sem efeito. Em 2020, o programa tentou sobreviver com parcos recursos do caixa do estado.

67. Entrevista ao autor em julho de 2015.

Denúncias de corrupção no PSAM jamais chegaram a ser comprovadas. Gestores e ex-funcionários do programa ouvidos na apuração deste livro sempre destacaram o extremo rigor da governança do projeto — "As contas do PSAM eram muito corretas e o pessoal do BID ficava no nosso cangote", resume um ex-funcionário, sobre o período de 2015 e 2016: "Todas as contratações eram minuciosamente acompanhadas pelo *board* do BID".

Mas um caso, em particular, provocou enorme comoção e gerou uma série de suspeitas. Na manhã de 5 de outubro de 2015, a funcionária do programa Priscila de Góes Pereira foi baleada 13 vezes enquanto estava sentada em seu carro, passando maquiagem, num bairro da Zona Norte do Rio. Não pareceu um assalto, pois nada foi levado. Segundo a polícia, a pessoa que assassinou Priscila provavelmente conhecia a sua rotina. Ela era muito ligada ao então coordenador do PSAM, Flávio Silveira, que havia sucedido Serva. As investigações não comprovariam relação da morte de Priscila com sua atuação no programa.

Metas distantes, obras atrasadas

O objetivo de sanear a baía ainda está distante de ser alcançado. As obras do tronco coletor Cidade Nova, após longo período paradas pela Justiça — a empreiteira que perdeu a licitação entrou com ação contestando o resultado —, só tiveram seus contratos assinados em março de 2015, no valor de R$ 81,4 milhões. A conclusão aconteceu em abril de 2020, mais de seis anos depois, reduzindo em 700 litros por segundo o lançamento de esgoto na Baía de Guanabara[68].

Do outro lado da baía, na segunda maior cidade fluminense, obra cujo contrato foi assinado em junho de 2014, a construção de tratamento de esgotos de Alcântara, em São Gonçalo, segue a passos lentos. Os investimentos previstos eram de R$ 354,96 milhões. Em outubro de 2020 havia alcançado 41,18% de intervenções físicas, com previsão de conclusão para abril de 2022. Os investimentos iniciais foram atualizados para R$ 433,34 milhões,

68. *Informações do Ministério Público do Estado do Rio de Janeiro enviadas ao autor em outubro de 2020.*

com aditivo por causa de complexidades nas fundações necessárias para suporte da construção no terreno — uma dificuldade não prevista anteriormente.

A crise econômica do país, que se apresentou de forma mais contundente em 2015, minou os já escassos recursos para obras de saneamento nos anos subsequentes. Como se estivessem confinados num aborrecido conta-gotas, os recursos foram minguando. De 2016 a maio de 2021 foram aplicados em programas de recuperação ambiental na Baía de Guanabara, somente pelo governo do estado, R$ 481,79 milhões, uma média de R$ 107 milhões por ano (considerando os recursos efetivamente pagos)[69]. O valor representa apenas 13,28% da verba estimada para esses programas na Lei Orçamentária Anual (LOA): R$ 3,62 bilhões.

A principal fonte de recursos é o Fundo Estadual de Conservação Ambiental (Fecam), instituído em 1986, destinado à implementação e controle de programas e projetos de recuperação e preservação do meio ambiente. Irrigado por compensações financeiras pela exploração de petróleo, é dinheiro carimbado. Ou era, pois começou a ser "descarimbado" ainda em 2015, por pressão de investidores. Esvaziado, passou a ser usado mais para pagar credores do Estado do Rio do que para garantir melhorias ambientais.

Dados do Sistema Integrado de Gestão Orçamentária, Financeira e Contábil do Rio de Janeiro (Siafe-RJ) mostram que a maior queda na aplicação de recursos do Fecam ocorreu de 2019 para 2020, coincidindo com a chegada da pandemia do novo coronavírus: um incrível revés de 91%.

No apagar das luzes de 2019, o ex-governador Wilson Witzel ainda conseguiu desvincular 50% do Fecam de sua finalidade constitucional, com mensagem enviada à Assembleia Legislativa do Estado do Rio. Na prática, legalizou as pedaladas — que, justiça seja feita ao ex-juiz, afastado do cargo em 2020, remontam a outros governos. De janeiro a outubro de 2020, embora o Fecam já tivesse arrecadado R$ 540 milhões, na prática o valor contábil é fictício, e apenas 5% disso foi para o saneamento básico.

69. Entrevista ao autor em julho de 2015.

RECURSOS FECAM PARA O PROGRAMA 0162 (PACTO DE SANEAMENTO)

ANO	2016	2017
DOTAÇÃO LOA	1.475.892,00	895.748.585,29
LIQUIDADO	613.950,80	399.320.438,46
PAGO	6.864.790,00	53.305.497,00

RECURSOS FECAM PARA O PROGRAMA 0192 (BAÍA VIVA)

ANO	2016	2017
DOTAÇÃO LOA	378.405.809,36	0,00
LIQUIDADO	132.573.270,07	0,00
PAGO	123.375.248,00	0,00

RECURSOS FECAM PARA O PROGRAMA 0290 (SANEAMENTO BÁSICO)

ANO	2016	2017
DOTAÇÃO LOA	0,00	404.013.087,00
LIQUIDADO	0,00	31.176.133,79
PAGO	70.482.551,00	28.525.476,00

RECURSOS FECAM PARA O PROGRAMA 0437 (SANEAMENTO AMBIENTAL E RESÍDUOS SÓLIDOS)

ANO	2016	2017
DOTAÇÃO LOA	0,00	0,00
LIQUIDADO	0,00	0,00
PAGO	0,00	0,00

FONTE: Siafe. Dados compilados pelos gabinetes do ex-deputado estadual Renan Ferreirinha (PSB-RJ) e do deputado estadual Luiz Paulo (Cidadania-RJ).

RECURSOS FECAM PAGOS PARA SANEAMENTO AMBIENTAL (2016 A MAIO DE 2021)

ANO	2016	2017
TOTAL PAGO	200.722.589,00	81.830.973,00

2018	2019	2020	2021
489.789.090,50	688.730.565,00	0,00	0,00
10.780.690,12	94.468.792,00	0,00	0,00
84.257.492,00	88.471.365,00	640.726,89	0,00

2018	2019	2020	2021
0,00	0,00	0,00	0,00
0,00	0,00	0,00	0,00
0,00	0,00	0,00	604.68884

2018	2019	2020	2021
181.775.482,00	1.120.000,00	0,00	0,00
6.034.281,53	7.164.623,00	0,00	0,00
10.445.243,00	7.164.623,00	0,00	0,00

2018	2019	2020	2021
0,00	0,00	682.888,00	100.000,00
0,00	0,00	9.140.742,93	0,00
0,00	0,00	7.654.899,36	0,00

2018	2019	2020	2021	
94.702.735,00	95.635.988,00	8.295.626,25	604.688,84	**481.792.600,09**

Gelson Serva, que deixou a coordenação do PSAM em 2015, afirma que não dá para falar em despoluição da Guanabara num prazo inferior a 15 anos. Os investimentos ainda necessários em saneamento somam cerca de R$ 12 bilhões. Como exemplo do grande passivo, cita os casos dos esgotos coletados no bairro de Madureira, que fluem pelo Rio Acari, e, por sua vez, escoam para o Rio Meriti e deságuam na Baía de Guanabara. Outro exemplo é a rede de coleta de esgotos no entorno do Rio Irajá, cujo esgoto deveria ser tratado na ETE Penha, que ainda precisa ser recuperada. Serva ressalta que o déficit de ligações de esgoto domiciliares ainda é grande:

> Além da ampliação das estações de tratamento de esgotos, muitas áreas da Baixada Fluminense, de São Gonçalo e de municípios do fundo da Baía de Guanabara ainda requerem projetos e obras de construção de rede de coleta de esgotos sanitários, bem como o município do Rio. Cerca de um milhão de novas ligações domiciliares precisam ser implementadas[70].

Maré: aplicativo contra o cocô

Com 16 comunidades, um dos mais emblemáticos territórios cariocas, a Maré, na Zona Norte da capital, abriga 130 mil moradores, e ganhou destaque na história recente de maneira trágica. Marielle Franco, socióloga e vereadora pelo PSOL carioca, assassinada em março de 2018, definia-se na sua página oficial como "mulher, negra, mãe" e cria do conjunto de favelas. O ativismo e a bandeira dos Direitos Humanos carregados por Marielle durante toda a sua vida foram notícia no planeta.

Um enorme paradoxo ambiental ocorre naquela fatia da cidade espremida entre vias importantes como Avenida Brasil, Linha Vermelha e Linha Amarela. Relatório da Cedae de 2020[71]

70. Entrevista ao autor em julho de 2015.

71. Memorial Descritivo e de Cálculo Projeto Básico — Complexo da Maré, Cedae, outubro de 2020.

indica que as principais vias da Maré são dotadas de rede coletora de esgotos, mas 100% dos despejos acabam indo parar na Baía de Guanabara — não há tratamento. "Na Maré o sistema de esgotamento sanitário foi implantado, após sua urbanização, em quase toda a totalidade da área e atualmente conta com cinco estações elevatórias. Entretanto, estas estações elevatórias se localizam em áreas de difícil acesso para manutenção e operação, principalmente devido a questões de segurança pública, afetando sua operacionalidade", informa a Cedae.

A companhia de saneamento prevê o assentamento de 70,18 quilômetros de tubulações para encaminhar os esgotos à Estação de Alegria, no Caju, prevendo um crescimento populacional de 12% nas próximas duas décadas.

Escaldados com a falta de olhar do poder público, o coletivo Data_Labe, da Maré, criou um grupo num aplicativo de mensagens, o Cocôzap[72], para incentivar os moradores a colaborar com o mapeamento da situação sanitária do território, por meio do envio de fotos e da localização do esgoto a céu aberto e dos acúmulos de lixo do território.

"De forma geral, a situação de saneamento na Maré continua a mesma", comenta Vinícius Lopes, coordenador da iniciativa[73]. "A maioria das mobilizações no território são feitas pelos próprios moradores em torno de problemas de saneamento que os afetam diretamente, assim como as mobilizações entoadas por projetos socioambientais como o Cocôzap. As mobilizações feitas por parte do poder público seguem paulatinas e pontuais".

A opção pela privatização: o caso da AP-5

Os muitos atrasos e as lentidões dos programas dedicados à melhoria ambiental da baía fizeram com que o prefeito do Rio, Eduardo Paes, passasse a defender a concessão dos serviços de esgotamento sanitário em algumas regiões da cidade, a partir de 2012, quando foi eleito pela primeira vez. Em Niterói, a privatização

72. Disponível em: https://casa.org.br/cocozap-projeto-pretende-mapaer-e-gerar-incidencia-politica-para-saneamento-basico-em-favelas-no-rj/.

73. Entrevista ao autor, em abril de 2021.

dos sistemas de água e esgoto, ocorrida em 1999, tem sido apontada como um *case* de sucesso por quem argumenta que a exploração dos serviços pela iniciativa privada é o melhor caminho. Em 2020, a cidade vizinha ao Rio ficou em 18° lugar no país no ranking divulgado pelo Instituto Trata Brasil[74], uma entidade que avalia as ações de saneamento e distribuição de água nos cem maiores municípios brasileiros. A capital, por sua vez, amargou um modesto 52º lugar, ficando atrás de todas as capitais do Sudeste.

Em maio de 2012, Paes assinou contrato passando para à Foz Águas 5 a responsabilidade por coletar e tratar o esgoto de 21 bairros da Zona Oeste da cidade, ou Área de Planejamento 5 (AP-5). A AP-5 corresponde a 48% do território do Rio de Janeiro e a 27% da população da cidade, aproximadamente 1,85 milhão de pessoas. A concessionária foi formada inicialmente pelas empresas Odebretch Ambiental e Grupo Águas do Brasil, mas atualmente o consórcio é formado por Brookfield Brasil e pelo Grupo Águas do Brasil. A Fundação Rio-Águas, órgão da prefeitura, é a responsável pela regulação do contrato[75]. Depois de assumir a fatia do saneamento que antes cabia à Companhia Estadual de Águas e Esgotos (Cedae) — o fornecimento de água da AP-5 permanece com a estatal —, o grupo faturou, em 2020, em média R$ 23,2 milhões por mês[76]. Mesmo com uma inadimplência nas alturas — dos 1,7 milhão de moradores da Zona Oeste, estima-se que cerca de 850 mil paguem pelo esgoto todos os meses.

As obras de saneamento da Foz Águas 5 começaram em janeiro de 2014. As promessas para 2017 eram ousadas: com R$ 640 milhões — financiamento da Caixa Econômica Federal, por meio do programa Saneamento para Todos — mudar a situação precária do saneamento de dez bairros, de Deodoro a Senador Camará, nas bacias dos rios Marangá e Sarapuí. Ambos desembocam na Baía de Guanabara. Para isso, estavam previstas a instalação de 376 quilômetros de redes (entre novas e reformadas) e a construção de mais 11 estações elevatórias de grande porte, que bombeariam os esgotos para duas grandes estações, Deodoro e Bangu.

74. *Ranking disponível em: http://www.tratabrasil.org.br/datafiles/estudos/ranking/tabela-100cidades-2015.pdf.*

75. *Informações repassadas ao autor em dezembro de 2013. O contrato de concessão está disponível em:http://www.rio.rj.gov.br/dlstatic/10112/4290214/4105676/00.CONTRATO DECONCESSAO N001_2012.pdf.*

76. *Informações da Prefeitura do Rio enviadas ao autor em 7 de dezembro de 2020.*

A Zona Oeste Mais Saneamento informou que, até dezembro de 2020, haviam sido investidos R$ 600 milhões para melhorar a situação ambiental da região, com a construção de 400 quilômetros de redes de esgoto. A vazão média atual da ETE Constantino Arruda (Deodoro) é de 500 litros por segundo, podendo chegar a 750 L/s. As obras civis estão prontas para que a capacidade seja ampliada para 1.000 L/s. A concessionária não tem obrigação de efetuar investimentos nas áreas de proteção ambiental, áreas de baixa densidade (inferior a 50 habitantes por hectare), áreas sem abastecimento regular de água e áreas invadidas de propriedade privada e loteamento irregulares, estes dois últimos enquanto não urbanizados.

Como exemplo, o bairro de Senador Camará tem sete favelas — Sapo, Rebu, Cavalo de Aço, Coreia, Mobral, Vila Aliança e Morro do Céu —, mas apenas Vila Aliança e Coreia recebem os serviços da Zona Oeste Mais Saneamento. Segundo a Rio Águas, os registros de atendimento da concessionária mostram que foram realizados serviços de desobstrução de redes nas comunidades da Vila Aliança, Rebu, Cavalo de Aço e Sapo.

Reconduzido ao cargo de prefeito do Rio (2021 a 2024), Eduardo Paes é um entusiasta do modelo de concessão, e defende replicar a proposta na AP-4 (Jacarepaguá, Barra da Tijuca e Recreio dos Bandeirantes), bairros que não drenam seus esgotos para a Baía de Guanabara. A agenda não é nova: durante sua gestão (2014 e depois 2015-2018) como governador, Luiz Fernando Pezão já havia sinalizado o interesse de privatizar os esgotos da região Leste Fluminense, que abrange cidades como São Gonçalo e Itaboraí. O projeto acabou não indo adiante, muito em função da força política da Cedae.

Anos trepidantes: 2017 e 2018

Os muitos atrasos e as lentidões dos programas dedicados à melhoria ambiental da baía sempre representaram um grande constrangimento ao Rio, inclusive em relação a outras unidades da federação. Em 2017, o governo do estado, afogado em dívidas, se endividou mais para não quebrar de vez — e isso ficaria evidente anos depois, com consequências muito nocivas aos programas de limpeza da Guanabara. Em dezembro daquele ano, o então governador Pezão tomou um empréstimo de R$ 2,9 bilhões junto ao banco BNP Paribas como principal medida para aliviar as contas e diminuir a enorme crise. Ações da Cedae foram usadas como garantia. A este fato se sucederam diversas tentativas de reverter a venda da companhia de saneamento. O ano de 2017 também marcaria a prisão do ex-governador Sérgio Cabral, responsável, segundo a Justiça, por operar um gigantesco esquema de corrupção. Até o fechamento desta edição, Cabral havia sido condenado a 300 anos de cárcere, considerando o somatório das penas por 15 condenações.

A modelagem proposta desde o governo Pezão era "enxugar" a Cedae, deixando-a apenas com a atribuição de captação e tratamento de água (na Estação do Guandu, que abastece a Região Metropolitana, por exemplo), concedendo à iniciativa privada os serviços de distribuição da água e tratamento de esgotos. Pouca gente prestava atenção quando, anos depois, um ex-juiz e candidato ao governo, Wilson Witzel, dava entrevistas defendendo a manutenção da companhia como empresa pública. Ainda na surpreendente campanha de 2018 — Witzel era um desconhecido da maioria da população, um outsider da política institucional —, o ex-juiz havia detonado o acordo, chamando o então ministro de Fazenda do presidente Michel Temer, Henrique Meirelles, de "banqueiro":

> Um governo cambaleante fez um acordo com um banqueiro, o Henrique Meirelles. Pegou a Cedae como garantia num preço vil — a Cedae não vale R$ 3 bilhões, vale muito mais do que isso — e nós estamos em vias de perder a estatal por esse valor[77].

O ano de 2018 também significaria um baque na vida de um antigo político conhecido pela agenda ambiental no Estado do Rio: no mês de novembro, André Corrêa, que havia sido secretário estadual de Meio Ambiente em duas ocasiões (1998-2002 e 2015-2016), foi preso preventivamente pela operação "Furna da Onça", acusado de receber uma "mesada" de um suposto esquema de corrupção capitaneado pelo ex-governador Sérgio Cabral. Corrêa nega as acusações e diz que foi injustiçado. Ele foi solto em 24 de outubro de 2019, e passou a responder em liberdade. Em março de 2021, o deputado comemorou o fato de a Segunda Turma do Supremo Tribunal Federal (STF) ter decidido, por três votos a dois, retirar da Justiça Federal a ação penal aberta contra ele. O caso foi endereçado à Justiça Eleitoral.

A concessão dos serviços da Cedae

De azarão a franco atirador, Witzel acabou eleito, a reboque da onda ultraconservadora de extrema-direita que levou ao Palácio do Planalto o ex-capitão do Exército Jair Messias Bolsonaro. Vencidas as eleições, Witzel sentou-se na cadeira de governador do Rio e rapidamente mudou o discurso. Passou a defender a venda da Cedae, o que, segundo suas projeções, ocorreria em 2021. O ano de 2019 ofereceu um rosário de demonstrações de que Witzel se esqueceu de ter, um dia, dedicado um item específico de seu plano ao saneamento básico. Dissolveu todo o staff da Câmara Metropolitana — órgão que vinha há quatro anos trabalhando para efetivar as diretrizes de uma política integrada de águas e esgotos — e excluiu, em setembro do mesmo ano,

77. *Disponível em: https://folhadirigida.com.br/concursos/noticias/especial/wilson-witzel-quer-concursos-para-a-pm-e-policia-civil-do-rio.*

os 18 representantes da sociedade civil eleitos para o Conselho Consultivo do órgão.

Em 17 de dezembro de 2019, mensagens do governador alterando profundamente fundos ambientais — ao desvincular 50% do Fundo Estadual de Conservação Ambiental (Fecam), irrigado por 5% dos royalties do petróleo, e 30% do Fundo Estadual de Recursos Hídricos (Fundhri) — foram aprovadas em segunda discussão na Assembleia Legislativa. Dinheiro carimbado para saneamento básico, drenagem, educação ambiental e adaptação a mudanças climáticas passou a ser flexibilizado até 2023, em nome da inegável crise fiscal do estado.

Só que Witzel, assim como seu antecessor, Pezão, foi afastado do cargo por denúncias de corrupção. Em agosto de 2020, quando o mundo vivia a agonia de uma pandemia sem precedentes em um século, o vice de Witzel, Cláudio Castro (PSC), assumiu o governo interinamente. E, a reboque do novo marco legal do saneamento básico, aprovado na Câmara dos Deputados e pelo presidente Bolsonaro em julho daquele ano, tocou a agenda da alienação das ações da Cedae — não sem antes questionar a forma com que o programa estava estruturado. Arestas acertadas, o edital da concessão dos esgotos, envolvendo 46 cidades (atendidas integralmente pela Cedae), foi publicado em dezembro de 2020.

NOVO MARCO LEGAL DO SANEAMENTO BÁSICO
Sancionado pelo presidente Jair Bolsonaro em julho de 2020, abre o setor à iniciativa privada. A meta, com o marco, é garantir o atendimento de 99% da população com água potável e de 90%, com tratamento e coleta de esgoto, até 31 de dezembro de 2033.

Em 30 abril de 2021, o pregão na Bolsa de Valores de São Paulo terminou com o Consórcio Aegea levando a proposta pelo esgotamento sanitário de bairros da Zona Sul e do Centro do Rio e dos seguintes municípios: Cachoeiras de Macacu, Itaboraí, São Gonçalo, Magé, Belford Roxo, Duque de Caxias, Japeri, Mesquita, Nilópolis, Nova Iguaçu, Queimados e São João de Meriti. Os 13 territórios drenantes à Guanabara estão divididos em dois blocos, arrematados por ofertas de R$ 15,4 bilhões. Em todo o estado, 28 municípios aderiram ao projeto de concessão. A Aegea é titular dos serviços de Manaus, capital do Amazonas, e participa da parceria público-privada (PPP) dos esgotos de Piracicaba (SP).

A modelagem feita pelo BNDES aponta universalização em todo o Estado do Rio em 2033, num investimento aproximado de R$ 30 bilhões — a Cedae permanece com a captação e adução de água. Anote, pois, na sua agenda, para não esquecer: a Guanabara deve receber, nos próximos cinco anos (até 2025), R$ 500 milhões por ano do programa de concessão de saneamento aprovado no Estado do Rio. É bem mais do que o aporte recente, mas se será suficiente para reverter o cenário de degradação apenas o tempo dirá.

Crítico da proposta de concessão dos serviços da Cedae, o deputado estadual Luiz Paulo Corrêa da Rocha (Cidadania), autor da CPI da Cedae em fevereiro de 2020 — "conseguimos, num primeiro momento, superar o número de assinaturas, mas no fim houve reviravolta e ficou faltando uma" —, afirma que existe uma série de problemas no edital:

> Os serviços da estatal hoje são muito ruins, temos um governo débil e gestores que não fazem os investimentos devidos. A qualidade da água do Guandu é reflexo dessa má gestão. A Cedae precisaria investir R$ 1 bilhão no sistema para melhorar seu sistema. Agora, o edital produzido pelo BNDES não se aprofundou nos planos de investimento. É um modelo frágil. Temos uma representação coletiva no Tribunal de Contas do Estado (TCE) mostrando diversos pontos falhos. O governo estipula 35 anos para a concessão, mas o prazo de concessões previsto na lei estadual é de 25 anos. [Com a proposta] A Cedae vai deixar de ter o lucro atual, e quiçá possa a ter até prejuízo. Não há definição das prioridades de investimentos no esgotamento sanitário nos municípios[78].

78. Entrevista ao autor em março de 2021.

Pandemia e a Guanabara

Uma bela foto mostrando os canais de Veneza, na Itália, coalhados de flamingos, rodou a internet em abril de 2020. A maravilha deixou muita gente boquiaberta e certa de que a ausência das atividades humanas, por conta da pandemia, estaria provocando um grande alívio à natureza. Mas tratava-se de *fake news*. Em entrevista à CNN, um porta-voz da Prefeitura de Veneza explicou que a poluição da água não diminuiu. O que aconteceu foi que sedimentos que dão a aparência mais escura ao espelho d'água ficaram acumulados no fundo. Uma situação parecida ocorreu no Rio. Muita gente passou a ver tartarugas na Guanabara e a jurar que as águas da Praia de Botafogo estavam mais limpas em junho de 2020. Infelizmente, eram sensações sem aparo nas análises oficiais.

Diretor-adjunto de Licenciamento Ambiental do Instituto Estadual do Ambiente (Inea), Leonardo Daemon pontua que as águas limpas da enseada de Botafogo estão ligadas a fenômenos de correntes e marés comuns a esta época do ano, quando uma grande quantidade de água vinda do mar aberto entra na Guanabara, deixando suas águas mais claras. Por conta disso, é possível enxergar o fundo de algumas praias. Como também não chove com constância, esse elemento ajuda a melhorar o aspecto de trechos muito poluídos. Em Botafogo, por exemplo, nessa época quando há menos incidência de chuvas, todo o Rio Berquó (que nasce no Corcovado e deságua na enseada) e o esgoto são desviados para o emissário submarino de Ipanema, não havendo transbordamento. "Mas esses fatores positivos, é bom esclarecer, não têm nada a ver com a balneabilidade das praias. A água pode estar transparente, mas imprópria ao banho", diz Leonardo. Tanto é que no boletim de 20 de maio a Praia de Botafogo estava imprópria ao banho. Nada de mergulhar em Botafogo, ok?

O desserviço da Justiça e a falta de transparência

O historiador potiguar Luiz da Câmara Cascudo (1898-1986) tem um aforismo que ilustra com precisão o que ocorre na Baía de Guanabara: "O Brasil não tem problemas, tem soluções adiadas". A Justiça também "jogou contra" a baía, ao deixar de exigir dos governantes metas e prazos para a conclusão de importantes obras de saneamento. Em 2012, o juiz Ricardo Starling Barcellos, da 13ª Vara de Fazenda Pública do Rio, arquivou o processo que obrigava o governo do estado a apresentar um cronograma de despoluição num prazo de dois anos. Na decisão, o magistrado alegou que ações estavam em andamento e observou que a extinção do processo sem o julgamento do mérito "não desobriga o estado e a Cedae de continuar atuando de forma eficiente na despoluição da Baía"[79].

A decisão foi duramente criticada pela promotora Rosani Cunha, autora da ação cinco anos antes. À época, em entrevista ao jornal "O Globo"[80], ela classificou a medida de "desserviço à sociedade". Rosani Cunha pedia que a Cedae apresentasse cronograma físico com prazo de execução não superior a dois anos de todas as obras contempladas no Programa de Despoluição, sob pena de multa diária no valor de R$ 10 mil. O processo continua em andamento.

Gelson Serva reconhece que as deficiências na comunicação dos governos com a sociedade talvez seja um dos pontos mais importantes a serem melhorados. Para ele a falta de informações sobre o que está sendo feito para a recuperação ambiental da Baía de Guanabara acaba se revertendo numa avaliação negativa, "que não leva em conta o esforço que vem sendo empreendido":

> Uma vez que as promessas de melhorias são minadas pelo histórico de insucessos e abandono, é importante que ao mesmo tempo que se apresente um plano completo para debater com

79. Consulta ao processo número 0218928-66.2007.8.19.0001, no site do Tribunal de Justiça do Rio (TJRJ).

80. Disponível em: http://oglobo.globo.com/rio/justica-arquiva-processo-que-da-prazo-para-despoluicao-da-baia-de-guanabara-6741240.

> a população, também se demonstre que ações concretas estão sendo realizadas, que as obras estão sendo conduzidas, que as campanhas de educação ambiental e as práticas participativas estão sendo deflagradas.
>
> O engajamento dos diversos setores e instituições dá trabalho, mas é imprescindível. A sociedade tem que refletir, apoiada pelos cientistas ambientais, se haveria um limite suportável para as atividades econômicas na Baía de Guanabara e que ações compensatórias e mitigadoras são necessárias[81].

Um dos ambientalistas pioneiros na defesa da baía, o atual prefeito de Niterói, Axel Grael, concorda que a ausência de articulação com universidades e a população criou dificuldades maiores:

> O PDBG e o PSAM foram e são programas iminentemente estatais. Compare-se com o programa da Baía de Chesapeake (nos Estados Unidos) e outras. Nestas, a iniciativa é da sociedade, apesar de contar com forte protagonismo e liderança do Estado. Também a sociedade civil, as universidades[82].

O caso das Unidades de Tratamento de Rios

Um paliativo em meio ao enorme passivo de tratamento de esgoto. Dessa forma foram apresentadas as Unidades de Tratamento de Rios (UTRs), processo com tecnologia nacional em que a água é acondicionada em tanques para receber os produtos químicos. Com objetivo de melhorar a qualidade da água sem prejudicar o curso do corpo hídrico, a tecnologia passou a ser apresentada por autoridades públicas como uma medida importante para garantir ao menos que poluentes mais nocivos fossem removidos antes de desembocarem na Baía de Guanabara.

81. Entrevista ao autor em julho de 2015.

82. Entrevista ao autor em setembro de 2015.

Num documento assinado pelo então secretário do Ambiente, Carlos Minc, e pelo presidente da Cedae, Wagner Victer, em 17 de julho de 2012, ficou acertado que a Unidade de Tratamento de Rio (UTR) de Irajá, com custo de R$ 40 milhões, seria construída e entraria em operação em 2013. Em 2016 a obra não tinha sequer começado. Em 2021, as únicas UTRs em operação na capital eram as do Rio Carioca, no Flamengo, e do Arroio Fundo, em Jacarepaguá. Das duas, mantidas pela prefeitura, apenas a primeira beneficia a Baía de Guanabara.

Por diversas vezes, no período anterior às Olimpíadas, o prefeito do Rio, Eduardo Paes, manifestou que não alocaria recursos para a construção de novas UTRs. Alegava que a medida era ineficiente, um gasto despropositado de dinheiro. Ele tem o respaldo do engenheiro Adacto Ottoni:

> Sou totalmente contrário à construção das estações de tratamento de rios. Devem ser implantados programas de educação ambiental em conjunto com a coleta seletiva e a reciclagem do lixo nessas comunidades carentes, gerando renda para essa população e reduzindo substancialmente a entrada de lixo disperso nos rios (que daí vão para a Baía de Guanabara).
>
> Sem obras de controle de erosão do solo, nada adianta. Também são importantes obras que regularizem as vazões fluviais, reduzindo as enchentes nos períodos chuvosos e aumentando a vazão dos rios locais nos períodos de estiagem, permitindo a recuperação do ecossistema hídrico fluvial.
>
> A única forma efetiva de despoluir a Baía de Guanabara é despoluir os rios que drenam suas águas para a da Baía de Guanabara. Após a redução da carga de esgotos, lixo e sedimentos, seria importante realizar uma dragagem de grande parte do lodo de esgotos, dos sedimentos e do lixo existente no fundo desses rios[83].

83. Entrevista ao autor em setembro de 2015.

BAÍAS DESPOLUÍDAS

GRAU DE DESPOLUIÇÃO: POUCO MODERADO

BAÍA DE CHESAPEAKE
ESTADOS UNIDOS

A expansão agrícola e urbana a partir do século XIX levou a uma grande poluição da baía oriunda de fazendas e estações de tratamento de esgoto no entorno. Como conseqüência, houve um crescimento explosivo de algas, que interferiu na chegada de luz a partes subaquáticas impedindo o crescimento de plantas que serviam de alimento e habitat à vida marinha. Bilhões já foram gastos até o momento e é grande o número de agentes envolvidos com a despoluição, entres eles, Chesapeake Bay Program (uma associação de agências federais, estatais, e locais, ONGs, instituições acadêmicas e cidadãos), Environmental Protection Agency, Chesapeake Bay Commission, o Distrito de Colúmbia, e os governos estatais de Delaware, Maryland, Nova York, Pensilvânia, Virgínia e Virgínia Ocidental.

- **GRAU DE SUCESSO DA DESPOLUIÇÃO:**
  Pouco
- **DURAÇÃO DA DESPOLUIÇÃO:**
  Mais que 30 anos (em andamento)
- **CUSTO DA DESPOLUIÇÃO:**
  U$ 15 bilhões (custo necessário para a despoluição total, segundo as estimativas de uma comissão de especialistas)[84]
- **USO:**
  Pesca
- **EXTENSÃO DO ESPELHO D'ÁGUA:**
  11.601 km^2

BAÍAS DE SÃO VICENTE E TALCAHUANO (CHILE)[85]

Empresas pesqueiras, siderúrgicas, metal-mecânicas e petroquímicas, em conjunto com o governo municipal de Talcahuano são responsavéis pela despoluição.

- **GRAU DE SUCESSO DA DESPOLUIÇÃO:**
  Pouco
- **DURAÇÃO DA DESPOLUIÇÃO:**
  25 anos (em andamento)
- **CUSTO DA DESPOLUIÇÃO:**
  U$ 136,3 milhões (custo da despoluição de todos os recursos hídricos do município de Talcahuano entre 1990 e 2002. Além das duas baías estes recursos incluem o canal El Morro, os rios Bío-Bío e Andalién e as lagoas Price, Macera y Verde).
- **USO:**
  Pesca
- **EXTENSÃO DO ESPELHO D'ÁGUA:**
  17,5 km^2 e 167,4 km^2 respectivamente

NOTAS

84. *Disponível em: http://www.npr.org/templates/story/story.php?storyId=5341055. Acesso em 30 de março de 2016.*
85. *Disponível em: http://www.cepal.org/samtac/noticias/documentosdetrabajo/2/23452/inch01903.pdf. Acesso em 30 de março de 2016.*
86. *Disponível em: http://www.fao.org/docrep/005/ac861e/AC861E04.htm. Acesso em 10 de março de 2016.*
87. *Disponível em: http://theconversation.com/sydney-harbours-toxic-legacy-shows-value-of-green-safety-net-11197. Acesso em 20 de março de 2016.*

BAÍA DE TÓQUIO

JAPÃO

Coração da industrialização japonesa, a baía serviu por muito tempo de depósito de águas residuais para as indústrias, fazendas e estações de tratamento de esgoto no seu entorno. O compromisso com sua despoluição por parte do governo nacional, do governo metropolitano de Tóquio, das prefeituras de Chiba e Kanagawa e das agências de meio ambiente, pescaria e segurança marítima, conseguiu restabelecer a baía. Hoje vivem nela aproximadamente 700 espécies de peixe, além de pássaros, moluscos, répteis e anfíbios.

- **GRAU DE SUCESSO DA DESPOLUIÇÃO:** Moderado
- **DURAÇÃO DA DESPOLUIÇÃO:** Aproximadamente 40 anos (em andamento)
- **USO:** Pesca
- **EXTENSÃO DO ESPELHO D'ÁGUA:** [86] Aproximadamente 1000 km^2

BAÍA DE SYDNEY

AUSTRALIA

Duramente castigada pelos diversos fatores que contribuíram para a sua poluição, a limpeza da baía foi possível graças ao esforço conjunto da Sydney Water Corporation, do governo estatal de Nova Gales do Sul, da ONG Clean Up, dos mais que 40.000 participantes do Clean Up Sydney Harbour Day em 1989 e da Thiess Services (empresa líder em remediação ambiental na Australia).
Os estragos causados pelas indústrias no seu entorno, pelas estações de tratamento de esgoto North Head, Bondi e Malabar, pela Fratelli D'Amato (que permitiu o vazamento de aproximadamente 250.000 litros de óleo de um dos seus barcos em 1999) e pela poluição das ruas de Sydney, hoje dão lugar ao habitat de pelo menos 3600 espécies de invertebrados, mais de 150 espécies de pássaros e 580 espécies de peixes, entre muitos outros. Não obstante, resta muito para fazer. A pesca comercial, banida em 2006, ainda não voltou para a baía, pois a concentração de dioxinas nos seus peixes e crustáceos segue em alta.

- **GRAU DE SUCESSO DA DESPOLUIÇÃO:** Moderado
- **DURAÇÃO DA DESPOLUIÇÃO:** Mais que 25 anos (em andamento)
- **CUSTO DA DESPOLUIÇÃO:** Pelo menos 544,2 milhões de dólares americanos
- **USO:** Pesca recreativa. A pesca comercial foi banida em 2006 por causa da alta concentração de dioxinas nos peixes e crustáceos da baía[87]
- **EXTENSÃO DO ESPELHO D'ÁGUA:** 55 km^2

EU SOU A GUANABARA

ELOÍSA TORRES
ENGENHEIRA

Eu sei o que vocês não fizeram no verão passado

Quando eu tinha seis anos e ia para a casa de meus avós, em São Cristóvão, ficava fascinada ao passar de ônibus ao longo daquele rio preto (oficialmente conhecido por Canal do Mangue). Quando eu tinha 20 anos, e estudava engenharia na Veiga de Almeida, costumava esperar pelo ônibus 464 ali na Radial Oeste, diante do último tramo a descoberto do rio Maracanã. O cheiro era insuportável. Já com 30 e poucos anos, fazendo mestrado na Coppe, UFRJ, era costume pegar carona na entrada do Fundão, ali próximo ao canal preto e fedido que separa a ilha do continente. Sabe o que mudou nesses lugares de lá para cá? Nada!

Todos esses cursos d'água e todos os outros também que afluem para a Baía de Guanabara só pioraram de lá para cá, em termos de qualidade, e despejam diuturnamente sua carga poluída neste que é um dos grandes e dos mais belos patrimônios naturais do estado e do país. Quem já viajou para outros lugares sabe bem do que estou falando.

O descaso com essa maravilha vem de longa data. Até a década de 1980, aqui na Região Metropolitana do Rio, só possuíamos duas Estações de Tratamento de Esgoto pequenas (ETEs Penha e Icaraí) e duas pequenininhas (ETEs Ilha e Paquetá). Ah, sim, temos o emissário de Ipanema desde a década de 1970, mas há controvérsias entre os sanitaristas sobre tratamento e afastamento de esgoto.

O primeiro grande empenho na direção de construir uma infraestrutura de saneamento básico na região foi o programa PDBG/1992-2005[88]. Neste programa foram construídas quatro grandes ETEs (Alegria, Pavuna, Sarapuí e São Gonçalo) e foram ampliadas e reformadas as ETEs Penha, Ilha do governador e Icaraí. Também foram construídos alguns grandes troncos coletores e instaladas elevatórias, estruturando assim os Sistemas de Esgotamento Sanitário (SES) nesta região. Assim, passamos a ter, em uma década, uma capacidade de tratamento de esgoto de cerca de 12.000 litros por segundo[89]. Um avanço inquestionável e em tão pouco tempo! Mas a malha fina (rede coletora nas ruas), essencial para fazer o esgoto chegar às ETES e ao tratamento, infelizmente ficou para depois. Assim, passados mais de 20 anos desde então, vemos esses equipamentos todos ficarem obsoletos antes mesmos de alcançarem sequer a metade da sua capacidade nominal de tratamento de esgoto.

A ETE Alegria, a maior de todas, com capacidade para tratar 5.000 litros por segundo, trata 2.200 L/s em média, e só alcançou essa marca no final de 2010, com a construção do tronco Arsenal. As ETEs Pavuna e Sarapuí, ambas com capacidade de tratamento de 1.500 litros por segundo, tratam atualmente míseros 200 litros por segundo, cada uma.

Não vou comentar aqui sobre a ETE São Gonçalo, que nunca entrou em operação, nem sobre a ETE Penha (1.600 L/s), que depois de um breve período operando está há anos com seus equipamentos parados, aguardando manutenção. O esgoto que chega até ela (sim, a ETE Penha é uma das poucas que possui rede coletora) vai para onde? Adivinhem!

88. *Todos os dados técnicos podem ser encontrados em: https://psam.maps.arcgis.com/home/index.html. O site é atualizado anualmente com a base de dados do ICMS Ecológico pela SEAS.*

89. *Capacidade Nominal ETE Alegria (5.000 L/s); ETE Pavuna (1.500 L/s); ETE Sarapuí (1.500 L/s); ETE São Gonçalo (750 L/s); ETE Icaraí (1.150 L/s); ETE Penha (1.600 L/s) e ETE Ilha do Governardor (525 L/s).*

O mesmo ocorreu com a ETE Ilha (ETIG), que permaneceu anos paralisada aguardando manutenção, e a ETE Paquetá, quando foi instalado um emissário interligando Paquetá à ETE São Gonçalo, mas, até hoje, não foi construída uma elevatória para transferir a carga de esgoto para ser tratada no continente. O esgoto in natura que chega até a ETE Paquetá vai para onde? Adivinhem!

Outras iniciativas para melhorar as condições de saneamento tiveram lugar na região hidrográfica da Baia de Guanabara desde a década de 1990. Só para citar as mais significativas, menciono: a concessão dos serviços de coleta e tratamento de esgoto na cidade de Niterói, ainda nesta mesma década; a construção do SES Barra (3500 L/s); a construção das ETEs Joinville (180 L/s) e Orquídea (380 L/s), situadas na bacia do rio Botas, em Belford Roxo (2005); a concessão dos serviços de esgotamento na AP-5 do município do Rio de Janeiro (2008/2009), com a construção da ETE Constantino (750 L/s); e, finalmente, a instalação do Programa PSAM (2012 até a presente data), que trazia, no seu bojo, basicamente colocar "em carga" a infraestrutura de esgotamento sanitário já construída pelo PDBG (ETEs Alegria e Pavuna) e a construção de um novo Sistema de Esgotamento na segunda cidade mais populosa do Estado (São Gonçalo), atendendo à população gonçalense e protegendo, de quebra, os remanescentes manguezais de Guapimirim.

Nossos frios números, atuais e envoltórios, de esgotamento sanitário na região da metrópole mais bela e graciosa do ocidente são os seguintes: no lado Oeste, se considerarmos o abastecimento de água[90] de cerca de 50 m^3/s, excluindo-se as perdas (35%), e confrontando com todo o volume de esgoto tratado atualmente (5,32 m^3/s) no mesmo território, chegamos ao impactante número de 27,5 m^3/s de esgoto in natura que vai direto para os nossos rios e lagoas e, depois, para a Baía de Guanabara e para o mar. Isso é, tratamos 5 m^3/s e enviamos 25 m^3/s sem tratar para o ambiente hídrico. Isso a cada segundo, a cada dia do ano, todos os dias do ano, em todos os anos, pelo menos nos últimos 20 anos.

90. Captação Guandu (43 m^3/s); Linhas pretas Tinguá (2,0 m^3/s) e adução Lages (5,5 m^3/s).

Escrevo isso com toda a tristeza de saber que a capacidade instalada de tratamento de esgoto, só no setor Oeste da região, onde estamos colocando a nossa lupa, é de cerca de 14 m^3/s e isso desde 2010. Ou seja, em números redondos, tratamos 5 m^3/s e amargamos uma capacidade ociosa de 9 m^3/s diuturnamente, sem tratamento de esgoto. É demais. É inaceitável!

Concluindo essa linha de pensamento, e convidando o leitor para uma reflexão analítica da situação sanitária neste ano de 2020, com a crise da geosmina, a pandemia do novo coronavírus e a crise política e institucional no nosso estado, não podemos mais conviver com essa protelação e descaso com a agenda de saneamento. Nossos governantes estão nos devendo. As empresas prestadoras estão nos devendo. Falta responsabilidade com nossa saúde e nosso bem-estar e com a proteção do nosso patrimônio Baía de Guanabara. As prestadoras, sejam elas públicas ou privadas, têm responsabilidade na qualidade e eficiência na prestação desses serviços, que são direitos básicos da população. Nossos representantes eleitos no Legislativo tem a obrigação de votar leis que propiciem o controle social amplo e irrestrito no setor de saneamento.

Exigimos transparência dos dados, a começar pela divulgação dos dados de monitoramento de qualidade da água do Guandu. Exigimos transparência dos contratos das prestadoras com os municípios e, principalmente, transparência na aplicação de recursos neste setor até que possamos afastar em definitivo esse fantasma da ameaça sanitária da nossa convivência. Exigimos planejamento com metas claras a cada ano e duras sanções para as prestadoras no caso de descumprimento de cada meta, sejam elas públicas ou privadas.

Não vamos nos distrair com conversas paralelas e ideias fragmentadas. A crise do abastecimento de água na nossa região é a crise da absoluta falta de esgotamento sanitário. Não é outra coisa. Geosmina "não dá em árvore". Esta crise é aquela mesma que se arrasta há anos, sai governo, entra governo, há mais de 60 anos. Pronto, agora já sabem a minha idade.

NATALIE V. FRERET-MEURER
TATIANE FERNÁNDEZ DO CARMO
PROJETO CAVALOS-MARINHOS/RJ
https://www.cavalosmarinhosrj.com.br

Cavalos-marinhos na Baía de Guanabara: uma história de vida e luta

Pensar em conservação e Baía de Guanabara, de fato, parece um enorme desafio. Mas, às vezes, simplesmente a gente faz o que precisa fazer. Precisamos ajudar a conservar esses animais que são tão importantes no equilíbrio dos ambientes de fundo dos costões rochosos. É claro que não podemos negar que esses animais também são apaixonantes e que foi amor à primeira vista.

A Baía de Guanabara é o "quintal da nossa casa", considerando que nosso projeto tem sede na Universidade Santa Úrsula, em Botafogo, na Zona Sul do Rio de Janeiro. Portanto, estudar os cavalos-marinhos nessa área se tornou um processo natural. Começamos os estudos em 2010 na Praia da Urca e, com o tempo, fomos aumentando nossos braços para outras áreas da Baía de Guanabara.

Os cavalos-marinhos são residentes da Baía de Guanabara há muitos anos, mas seu primeiro registro oficial foi em 1989, de acordo com estudo realizado pelo pesquisador Paulo Roberto Lopes. Eles costumam viver junto aos costões rochosos da baía durante suas fases juvenil e adulta, tanto dentro da Guanabara, como Paquetá e Ilha do Governador, até em áreas mais externas, como Itaipu e Praia Vermelha. Reproduzem-se ao longo de todo o ano e seus filhotes, que têm de quatro a cinco milímetros, podem ser encontrados flutuando por cerca de 15 dias desde a APA de Guapi-Mirim até áreas mais externas, como o canal de entrada da baía. A ampla ocorrência desses animais na Baía de Guanabara é extremamente importante, considerando que eles são ameaçados de extinção e têm suas populações reduzidas, de acordo com relatos de pescadores, os quais antigamente registravam maior ocorrência de cavalos-marinhos em suas redes — hoje, afirmam, são bem raros.

A Baía de Guanabara oferece um conjunto de ameaças para a espécie. O assoreamento gerado por resíduos domésticos e industriais desconfigurou o habitat em que vivem. Além da perda de habitat, as toneladas de resíduos sólidos que chegam à região vêm causando danos irreversíveis. Estudos recentes mostraram que os cavalos-marinhos que ingerem pequenos animais contaminados com microplástico não são capazes de expelir esse material, podendo levá-los a óbito. Conjugado a essas ameaças ambientais, ainda existe a captura ilegal para comércio de aquariofilia. Não se tem a dimensão exata da quantidade de animais que já foram capturados na baía, mas sabe-se que muitas áreas, como a enseada do Flamengo e a praia da Urca, eram sítios de captura para esse mercado ilegal. Atualmente, a portaria 445 do Instituto Chico Mendes de Biodiversidade (ICMBio) proíbe a captura dos cavalos-marinhos, caracterizando a atividade como crime ambiental.

O conjunto de todas essas ameaças tornou a espécie mais uma sobrevivente na Baía de Guanabara. Apesar disso, nossos estudos de monitoramento desde 2010 vêm apontando que a população desses animais que vive próxima ao canal de entrada da baía é pequena, porém estável. O grande desafio, agora, é mobilizar a população para que as pessoas de fato se engajem junto a nós nessa luta pela Baía de Guanabara e por um ambiente mais saudável. Nós acreditamos e estamos fazendo nossa parte. Nós estamos juntos. Juntos pela conservação.

FLAVIO LONTRO

PESCADOR, COORDENADOR GERAL DA CONFREM BRASIL — COMISSÃO NACIONAL DE FORTALECIMENTO DAS RESERVAS EXTRATIVISTAS E DOS POVOS TRADICIONAIS

A gente continua resistindo por causa da APA de Guapi-Mirim

Com a pandemia do novo coronavírus, muita gente que estava vivendo do turismo, de pesca, deixou de trabalhar. A baixa quantidade de pessoas em restaurantes afetou muito o mercado de peixe fresco. Passaram a dar prioridade aos produtos congelados. Os quiosques nas beiras de praias deixaram também de vender. Os perrengues na Baía de Guanabara não terminaram. Já tivemos mais acidentes com pequenos vazamentos de óleos com rebocadores, tivemos um episódio de balsa afundada. Muitos navios pararam de circular e acabaram se estabelecendo dentro da Guanabara.

Desde quando iniciou a pandemia do Sars-CoV-2, a situação começou a se agravar. Os pescadores passaram a ter medo de ir para o mar. A gente começou a fazer uma campanha de arrecadação de alimentos, com a ONG Guardiões do Mar. Vimos pais, mães com filhos, sem ter o que comer. Quando entregamos uma cesta a um caranguejeiro vivi um momento muito difícil: ele não tinha absolutamente nada para comer em casa. Presenciei cenas de partir o coração em Duque de Caxias. Muitos candidatos, nas eleições passadas, se aproveitaram dessa carência extrema da população, numa desonestidade. Agora [em dezembro de 2020] a situação está um pouco melhor.

O melhor lugar para pescar na baía é a boca, e vai ser sempre, por causa da água limpa. Mas a pesca no interior da baía está cada vez pior. Quem passa na Ponte Rio-Niterói e vê aqueles navios não tem a dimensão do que está acontecendo. Com toda poluição que os navios trazem, com suas tintas envenenadas, seus óleos lubrificantes, os pescadores estão no sufoco. Não existe uma rota de navegação para as lanchas de apoio a grandes embarcações, transitam de um lado e de outro, atropelando redes. Eles fazem questão de vir em cima da gente. As áreas disponíveis à pesca são ainda menores do que 12%. Hoje, para o lado de São Gonçalo há uma redução ainda mais significativa para a atividade, com novos terminais da Petrobras. A gente continua resistindo mais por causa da APA de Guapi-Mirim mesmo. Há pedido de construção de novos estaleiros, pedido para aumentar pistas do Aeroporto Tom Jobim, o que implicaria novos aterros.

Pescador não quer esmola. Quer dignidade. Quer conseguir trabalhar. Estamos completamente abandonados pelo poder público. A capacidade de suporte da baía já está esgotada. Não suporta mais navios. Várias entidades que falam em nome da pesca artesanal podem ajudar mais, estar conosco.

FÁBIO SCARANO
ENGENHEIRO FLORESTAL E PROFESSOR DA UFRJ

Quando a maré encher, soluções baseadas na natureza

Na mitologia dos povos Desana e Tukano, do alto Rio Negro, um importante elemento para a avó do mundo criar a humanidade e a vida na Terra é um lago de leite. Este lago, onde o mundo começa a existir como uma pequena luz na escuridão do universo, é a Baía de Guanabara, conforme narram alguns dos iluminados pajés desses povos, como Álvaro Tukano, Jaime Diakara e Luiz Lana. Foi também na nossa simbólica baía que Américo Vespúcio se inspirou para escrever a carta Mundus Novus em 1503, que propõe uma nova visão de futuro, paz, amor e harmonia com a natureza, a partir do que aprendeu com o povo

Tupinambá, "gente mansa e tratável", que ali vivia. A carta do navegador inspirou nada menos que o livro "Utopia", de Thomas More, que seria lançado dez anos depois.

A Baía de Guanabara inspira passados, futuros, utopias. Além disso, trata-se também de um palco de episódios centrais à história do Brasil. Contudo, está sob risco. Em cenários projetados de mudanças climáticas, a baía se apresenta altamente vulnerável sob os pontos de vista social, natural e tecnológico. Em outras palavras, os quase 12 milhões de habitantes da Região Metropolitana do Rio de Janeiro (especialmente os mais pobres), que cerca a baía; a rica diversidade biológica que ela ainda dispõe; e todo o aparato industrial, petroquímico, ali presente, estão sob risco.

De fato, um estudo científico realizado há uma década já apontava uma taxa de exposição populacional ao risco de elevação do nível do mar de 78% para a Baía de Guanabara, que seria então a maior do Brasil. De lá para cá, pouco ou nada mudou. O relatório do Painel Brasileiro de Mudanças Climáticas, em 2017, reafirmava esses riscos e enfatizava ainda o agravante da baía já ter perdido 90% da sua cobertura de manguezais. O pouco que restou de manguezal, em grande medida, se concentra na Área de Proteção Ambiental de Guapi-Mirim, que confere uma defesa natural contra a elevação do nível do mar nesses municípios, ao contrário, por exemplo, dos vizinhos Itaboraí e São Gonçalo, hoje com pouca cobertura de mangues. Claramente, se continuarmos usando a baía como "vaso sanitário", as mudanças climáticas seriam análogas ao efeito de "entupimento" desse vaso que transbordaria sobre tudo que o cerca.

Soluções mirando no presente e no futuro, normalmente, incluem as infraestruturais, como a premente necessidade de saneamento básico, de gestão eficiente de lixo e esgoto, e, diante dos riscos de elevação, eventualmente até da construção de diques. Contudo, emerge uma nova agenda de desenho de soluções baseadas na natureza e com potencial regenerativo, que incluem desde restauração de manguezais e florestas até refaunação. Frequentemente percebidas como soluções de menor custo e mais inclusiva de humanos e outras espécies, tais práticas e ações, uma vez estimuladas e implementadas, podem vir a criar uma outra relação das pessoas com a baía. Uma relação, quem sabe, que possa honrar o papel no passado e no futuro que diferentes visões de mundo atribuíram e atribuem a ela. Mais importante que o valor econômico que o ser humano possa atribuir à Baía de Guanabara é o valor que emerge da relação entre os dois.

CRISTINA CHACEL
JORNALISTA E ESCRITORA (1959-2020)

Um pé de mangue faz a floresta

A Guanabara nasce do encontro de pedra, mata e água. A partir dele, a vida acontece. Flora e fauna são a existência natural, a despeito da hostilidade histórica, que subtrai, a cada dia, um patrimônio a amar e zelar. Mas como todo bom encontro produz potência, a da Guanabara está na capacidade de se regenerar. Um atributo que a biologia chama de resiliência, a propriedade de alguns corpos retomarem sua forma original após deformidade severa. Mesmo termo de que a psicologia se vale para explicar a capacidade do indivíduo de lidar com problemas, superar obstáculos, resistir a pressões.

Começa aqui uma viagem inesquecível pela resiliência da Baía de Guanabara. Potente de corpo e alma, seu nome é Guapimirim, Área de Proteção Ambiental (APA) de Guapi-Mirim. O estado da arte. São seis horas da manhã de um dia de primavera. O sol desponta atrás da Serra da Estrela, que leva a Petrópolis e a Teresópolis. Nuvens baixas formam uma neblina densa, emprestando uma certa melancolia a tudo em volta. Quando entramos na sede da APA de Guapi-Mirim, o barqueiro Russo já está à nossa espera. O barco é pequeno, como convém a quem pretende cruzar águas rasas, com trechos de menos de um metro de profundidade, vencendo raízes, tocos e cipós, como nos igarapés amazônicos.

Saímos do canal da APA e entramos no Rio Guaraí, o mais limpo da reserva, com 12 km de extensão. Não se vê lixo ou esgoto. Russo explica: "O Guaraí é um rio sem nascente. Não tem vida de serra. Seu curso foi desviado para o sistema Guapi-Macacu, fonte de captação da água que abastece a cidade de Niterói. Virou um braço de mar, filtrado pelas marés".

Entramos na Vala da Banana. O sol ainda está baixo e faz um pouco de frio. De um lado e de outro, somos abraçados por mangues. Russo segue nos ensinando. Há três tipos de mangues. O vermelho pode chegar a 12 metros de altura e é facilmente reconhecível pelas raízes aéreas, esculturas leves que balançam ao sabor das brisas. São os preferidos dos caranguejos. O mangue branco tem o aspecto de arbusto. É robusto, redondo, vibrante. E o mangue preto, de folhas finíssimas, é uma espécie mais alta, com troncos quase largos, como os das árvores que a gente comumente reconhece por árvores. Ali, eles convivem misturados e duplicados na imagem refletida da água, espelho perfeito, verdejante como um jardim impressionista de Monet.

Vamos serpenteando o rio e, cá e lá, as garças vão chegando e pousando nos mangues. Alumbramento. Parece que entramos em um quadro de Guignard. Quando nos aproximamos da foz, porta dos fundos da baía, uma de muitas, o rio alarga. A neblina se aproxima e aumenta. Impressiona a habilidade do barqueiro em guiar-nos. Em dado momento, não enxergamos mais nada. Russo redobra a atenção e segue. Conhece cada palmo do lugar, tem a experiência do todo dia. Preocupa a maré muito baixa, que pode danificar o motor do barco. Ainda bem que não estamos nem na lua cheia, nem na lua nova, quando as marés são as mais baixas. Nestas fases, que juntas ocorrem oito dias por mês, o nível da água cai a 30 centímetros de profundidade. São oito dias em que, por ali, barco nenhum passa.

Isso acontece, em parte, por conta do assoreamento natural. A chuva forte, que traz terra e sedimentos da serra. E acontece por conta do desmatamento das matas ciliares dos rios, desde as nascentes nas montanhas. O que de lá vem acaba na baía, sem direito a retirar, sob pena de revolver um passivo ambiental de metais pesados, ali depositados.

Quando as nuvens se dissipam, o sol já está alto e apreciamos de perto a beleza dos currais de pesca artesanal. Existem 360 currais na baía, 120 nos limites da APA. Os pássaros adoram. Servem de ponto de encontro, uma sala de visitas de garças e biguás, empoleirados nos pilares de eucalipto e forração de bambu. Com a bruma que ainda esconde o horizonte ao longe, lembram uma pintura oriental.

Indiscutivelmente, a natureza é obra de arte. É proibido fazer novos currais. Eles são tolerados dentro da APA por se tratarem de uma tradição, são parte da cultura do lugar. Mas são controlados. Não podem fazer novos, nem largar os que existem. Quando Russo, na qualidade de barqueiro e fiscal orgânico da APA, vê que tem curral abandonado, vai lá e notifica, afixando um aviso em um dos pilares. Um curral de porte grande pode chegar a 120 vigas de eucalipto. Não é coisa barata. Cada viga custa R$ 15. É só fazer a conta. Depois ainda tem o bambu e a mão de obra. Compreende-se que, quando notificado, o infrator tenha interesse em retirá-lo para, ao menos, recuperar as madeiras. Se não retira, a equipe da APA apreende e a perda é total.

Vamos fazendo o caminho de volta pelo Suruí, um rio importante para a baía, porque, apesar de curto, tem muita água. Uma das curiosidades do Suruí, além de sua igreja colonial, graciosa no alto de uma colina, é a praia do Remanso, bem na foz do rio. É um canto bucólico, com alguns coqueiros, dois restaurantes, que funciona como uma área de lazer. Amigos jogam sinuca, cervejinha à mão, casais almoçam, crianças brincam na água.

O passeio vai acabando e nem falamos dos caranguejos! Entramos no Rio Caceribu. Ali, nos anos de 1980, o cenário era de devastação. Mas uma floresta de mangue ousou regenerar-se, por obra de um pezinho qualquer, que sobreviveu à ganância de madeireiros. Hoje é vegetação pujante e viçosa. É a tal da resiliência, essa potência de corpo e de alma que faz, daquele fundo de baía, um lugar mágico, o melhor da Guanabara.

Trecho originalmente publicado no livro "Guanabara, espelho do Rio", lançado em 2016 pela Editora FGV

A GUANABARA PÓS-OLÍMPICA: CAMINHOS PARA O FUTURO

BICAMPEÃS NAS OLIMPÍADAS DE TÓQUIO, realizadas em julho de 2021 por conta da pandemia, as velejadoras da classe 49er FX Martine Grael e Kahena Kunze haviam protagonizado uma cena história cinco anos antes, no 'quintal de casa'. Naquela tarde nublada de agosto, as águas da Baía de Guanabara refletiam conquistas esportivas, e o alívio do Comitê Organizador das Olimpíadas — não houve, durante 11 dias de provas, qualquer problema mais grave com lixo flutuante, e os esportistas se sentiram confiantes para nadar em pontos historicamente evitados por cariocas. Uma conjunção de fatores colaborou: as raias olímpicas ficaram concentradas em pontos onde há maior troca de água com o mar aberto, não choveu nos dias de competição e as estratégias paliativas de combate à poluição funcionaram bem. A imagem do Rio foi poupada de ser manchada, mais uma vez, por conta de poluição atávica de seu cartão-postal. Decorridos cinco anos, qual legado ficou para a Guanabara? Fizemos o dever de casa ou contamos exclusivamente com a sorte? Para discutir essas questões, convém discutirmos a ideia de "despoluição" no âmbito das Olimpíadas com mais profundidade.

As ações de combate à poluição da Guanabara durante os Jogos Olímpicos se concentraram em dois focos: o uso de barcos para o recolhimento de lixo flutuante e a instalação de barreiras na foz de rios para evitar que resíduos chegassem ao espelho d'água. No caso dos barcos, o programa foi apresentado pelo Governo do Rio ainda em 2008[91], mas ganhou urgência olímpica quando a empresa Pro Oceano foi contratada em julho de 2015 para monitorar as embarcações, apontar os locais de coleta e controlar a quantidade de lixo retirada da baía. Um ano antes das competições. Quanto às ecobarreiras, a ideia surgiu em 2003[92], ou 13 anos antes do Rio sediar as Olimpíadas, mas voltou reformulada também em 2015 (ver mapa).

ESTAÇÕES DE MONITORAMENTO DA BAÍA DE GUANABARA

● ESTAÇÕES DE MONITORAMENTO

◉ PONTOS DE MEDIÇÃO NA ÁREA DAS COMPETIÇÕES DE VELA DAS OLIMPÍADAS

91. *Disponível em: http://g1.globo.com/Noticias/Rio/0,,MUL789395-5606,00-BARCO+ECOLOGICO+AJUDARA+NA+LIMPEZA+DA+BAIA+DE+GUANABARA.html.*

92. *Disponível em: https://www.oeco.org.br/colunas/emanuel-alencar/baia-de-guanabara-ecobarreiras-reduzem-vexame-olimpico/.*

Evidentemente, por serem pontuais e paliativas, essas medidas não resolveriam a questão mais ampla e complexa do saneamento da bacia da Guanabara. Em setembro de 2018, a Secretaria de Estado do Ambiente informou que os ecobarcos foram descontinuados um ano após os Jogos (em julho de 2017). A empresa Ecoboat, que operou as cinco embarcações coletoras e uma plataforma de trasbordo de resíduos, entrou com ação judicial contra o Instituto Estadual do Ambiente (Inea) por falta de pagamento. De acordo com a empresa, o governo do estado ainda deve R$ 1,7 milhão. São repasses ainda não feitos por serviços prestados.

As 17 ecobarreiras haviam sido desmobilizadas em 2020. A eficácia dessas estruturas foi muito questionada por técnicos da área ambiental. A consultora ambiental Fátima Casarin, que coordenou um projeto de educação ambiental no Estado do Rio de 2003 a 2007, paralelo à captura dos resíduos das barreiras, sempre foi reticente sobre a eficácia da medida:

> A gente nunca gostou da ecobarreira, na essência ela é horrível. Era muito mais artesanal no passado, ficavam os catadores com ecopontos ao lado. Para você resolver a questão do lixo tem que apostar em um conjunto de atividades. Uma logística reversa decente, participação de supermercados, grandes empresas como Coca-Cola, coleta adequada e educação. Muita gente critica, mas também não sugere nada propositivo. Estou cansada[93].

Entre o prometido e o efetivamente entregue, uma enorme discrepância que depõe contra o legado ambiental das Olimpíadas. É verdade que o maior temor, o lixo flutuante nas regatas, não se confirmou. Mas houve um compromisso inalcançável, irrealizável. Ao analisar o que ficou de legado depois das competições, um funcionário de carreira do órgão ambiental fluminense ressalta que grandes esforços foram empreendidos

93. *Entrevista ao autor em agosto de 2016.*

FOTO: CUSTODIO COIMBRA©

para garantir as competições de vela em ambientes sem lixo e esgoto, "principalmente pela realização de obras de limpeza de galerias e construção de comportas que evitavam que o esgoto que caía direto em redes de águas pluviais, no Centro do Rio e no bairro da Glória, fosse para a Marina da Glória". Sobre a promessa de tirar 80% dos esgotos da baía até 2016, esse funcionário reconhece, no entanto, que a meta "não fazia qualquer sentido", e defende que os gestores públicos devem adotar "discursos realistas e francos com a sociedade".

A aposta no tempo seco

O caso específico do cinturão da Marina da Glória, que fica em uma região de alto desenvolvimento econômico, denota as enormes complexidades para se alcançar a universalização do saneamento da Baía de Guanabara. Ruas quebradas, "tatuzinhos" perfuradores, alinhamentos de diversos órgãos públicos... Os sistemas de coleta de esgotos são obras que demandam muitos investimentos e tempo. Dada a urgência ambiental, a

Câmara Metropolitana, vinculada à Secretaria de Governo do Rio, defendeu, até 2019, um modelo de construção de galerias de captura de esgotos em tempo seco. São as estruturas mais simples que capturam o esgoto nas galerias de águas pluviais — uma realidade bastante comum em 16 das 16 cidades que circundam a baía. Luiz Firmino Pereira, ex-presidente do Inea[94] e ex-assessor da Câmara Metropolitana, defende o sistema como mais barato e eficiente para resultados a médio prazo:

> Copacabana e Leblon têm, desde a década de 1960, cinturão de tempo seco, que pega tudo o que vêm nas manilhas pluviais. Não há como evitar lançamentos ilegais nas redes pluviais. Venho defendendo um cinturão metropolitano de esgoto, que interceptará em tempo seco os esgotos das galerias. No entorno da baía há as estações de tratamento de esgotos prontas. É possível rapidamente interceptar o esgoto da Maré, por exemplo, e mandar para as estações. A questão não é abandonar a rede formal, separando água e esgoto. Mas avançarmos, etapa por etapa. A fase A, inicial, seria esse sistema de tempo seco. A Lagoa de Araruama só foi recuperada por causa desse sistema em tempo seco.

A decisão da implementação dessa política deve ser em bloco. O Supremo Tribunal Federal (STF) definiu em fevereiro de 2013, por maioria de votos, que a gestão do serviço de saneamento básico em regiões metropolitanas ou microrregiões deve ser feita em parceria entre município e estado, não somente por um ou outro. Para os ministros, devem ser criadas entidades que reúnam integrantes de prefeituras e do governo estadual para tratar questões sobre serviços públicos integrados, como saneamento e transporte. Em dezembro de 2018, o então governador em exercício, Francisco Dornelles, aprovou a criação do ente metropolitano, fundamental para garantir segurança jurídica em investimentos no saneamento fluminense.

94. Luiz Firmino, superintendente de Planejamento da Câmara Metropolitana da Secretaria de Governo do Rio, em entrevista ao autor em 8 de agosto de 2016.

A urgência climática

Há quase duas décadas, o refrão "Quando a maré encher, quando a maré encher / Vou tomar banho de canal quando a maré encher", da Nação Zumbi, estourava país afora. Em tempos atuais, o hit do fenômeno pernambucano assume contornos dramáticos. Relatório especial do Painel Brasileiro de Mudanças Climáticas, publicado em 2017, mostra que cerca de oito milhões de pessoas podem ser afetadas em toda a América do Sul atlântica até o ano de 2100 se houver um aumento de dois metros do nível médio do mar. O mesmo documento, assinado pelos pesquisadores Fabio Scarano e José Marengo, aponta a porção nordeste da linha de costa da Baía de Guanabara, uma área que abrange os municípios de Guapimirim, Magé, Itaboraí e São Gonçalo, como território extremamente vulnerável. O Relatório do Painel Intergovernamental sobre Mudanças Climáticas (IPCC) de 2021 aponta ainda que a temperatura global pode aumentar de 1,5ºC a 2ºC ainda neste século.

Em abril de 2021, a Laje da Besta, uma onda rara que ocorre entre o Forte de Santa Cruz, em Niterói, e o Pão de Açúcar, atraiu os surfistas profissionais a pegarem onda na Baía. Na foto, o surfista Lucas Milward Fink de Andrade.
FOTO: LUIZ BLANCO©

Para lidar com esse cenário impulsionado pelas mudanças climáticas, as populações devem contar com o que especialistas chamam de "adaptações baseadas em ecossistemas" (ABE). Ou seja, contar com a ajuda de elementos naturais. A manutenção de bosques de manguezais, por meio de políticas públicas que garantam sua proteção, é uma delas.

A disposição mais rebaixada da área do contorno interno da Baía de Guanabara confere ainda maior risco de inundações no caso de marés excepcionais acompanhadas de precipitações intensas. Na Baía de Guanabara, somados os riscos sociais, naturais e tecnológicos expostos, calculou-se que a taxa de exposição populacional ao risco é de 78%, a maior do país (Nicolodi e Petermann, 2010).

Público não valoriza o ecossistema

A universalização dos serviços de água tratada e a coleta de esgotos nos municípios em torno da Baía de Guanabara podem representar ganho econômico de até R$ 13,8 bilhões, em 30 anos, de acordo com o estudo "Benefícios econômicos da expansão do saneamento à sociedade dos municípios da Baía de Guanabara", divulgado em 2014 pelo Instituto Trata Brasil.

Para Alexandre Cardoso, ex-prefeito de Duque de Caxias, a despoluição da baía passa muito mais por programas de habitação do que de ações de saneamento:

> Hoje você teria que construir de 30 a 40 mil casas apenas para tirar as pessoas de onde não tem como tratar o esgoto. Estamos falando de R$ 3,2 bilhões. Só para construir a casa, para não deixar o cidadão jogar lixo no rio ou na baía. O Rio Meriti não é um rio, é um valão de esgoto. Não adianta fazer estação de tratamento se não resolvermos a questão da urbanização. Municípios tinham que ter mais autonomia nessa gestão. Por que não fizeram o emissário [submarino] da Baixada?[95]

95. Entrevista ao autor em novembro de 2015.

Carlos Minc observa que o Projeto Iguaçu-Sarapuí, que ganhou prêmio do Ministério das Cidades ao implantar ações de combate a cheias e de reurbanização numa bacia complexa que reúne 3,5 milhões de pessoas, é um exemplo a ser seguido. O projeto recebeu R$ 173,5 milhões, recursos do Programa de Aceleração do Crescimento (PAC) do Governo Federal, desde junho de 2007. É mais um caso de programa afetado pela crise que assolou o Brasil a partir de 2015.

> Tiramos 42 pneus desses rios. Já realocamos 4.200 famílias, dragamos 65 quilômetros de rio e tiramos seis milhões de metros cúbicos de detritos. Colocamos árvores, ciclovias, pôlderes, áreas de acúmulo de água. Criamos uma Área de Proteção Ambiental (APA) do Alto Iguaçu para impedir a impermeabilização do solo. Esse projeto tem que ser complementado com uma política urbana, apoio aos catadores (de materiais recicláveis). Sem envolver a população, não caminha. Já gastamos R$ 450 milhões e queremos evitar que as pessoas voltem a ocupar as margens dos rios. As prefeituras precisam fazer a parte delas[96].

Um bom resumo da histórica desconexão entre demandas da sociedade civil e a efetivação de políticas públicas na Guanabara talvez esteja nessa avaliação das políticas do terceiro setor publicada na Revista de Sociologia e Política do Departamento de Ciências Sociais da Universidade Federal do Paraná (UFPR):

> A Baía de Guanabara é valorizada como paisagem por quem não frequenta as suas praias, por serem poluídas e/ou distantes, e por não dependerem dela para a sua sobrevivência. Podemos concluir (...) que o público em geral não tem a percepção de valor desse ecossistema enquanto patrimônio público e que a sua preservação exige uma postura mais ativa da sociedade civil (Mattos e Drummond, 2005, p. 187).

96. Entrevista ao autor em julho de 2015.

Para Axel Grael, prefeito de Niterói (2021-2024), a baía despoluída exigirá investimentos de mais R$ 20 bilhões. Ele ressalta que a despoluição exigirá não apenas investimentos em tratamento de esgoto, mas também políticas habitacionais e urbanísticas:

> Uma baía despoluída muda a economia, a geografia e até o cotidiano das pessoas. Imagina a Praia de Mauá, Praia da Luz, Ilha do Governador e outras áreas despoluídas e devolvidas à população com melhores condições de balneabilidade. Imagine a mudança no lazer, no turismo, na valorização dessas áreas, no resgate da autoestima da população dessas áreas.
>
> Claro que isso não se fará apenas com ações ambientais e de saneamento, mas também com investimentos sociais, urbanos. Mas uma coisa potencializará as outras. Precisamos nos preparar para uma corrida de fundos e não para uma prova de cem metros. Portanto, a governança e o estabelecimento de metas a longo prazo[97].

Os desafios do comitê de bacia

Os Comitês de Bacia Hidrográfica são organismos colegiados que fazem parte do Sistema Nacional de Gerenciamento de Recursos Hídricos e existem no Brasil desde 1988. São grupos de gestão compostos por representantes dos três níveis do poder público (federal, caso a bacia envolva mais de um estado ou outro país, estadual e municipal), usuários da água e sociedade civil. É por meio de discussões e negociações democráticas que esses comitês avaliam os reais e diferentes interesses sobre os usos das águas das bacias hidrográficas. Têm poder de decisão e cumprem papel fundamental na elaboração das políticas para gestão das bacias, sobretudo em regiões com problemas de escassez hídrica ou na qualidade da água.

97. *Entrevista ao autor em novembro de 2015.*

Um dos legados olímpicos que saíram do papel não está diretamente relacionado às promessas feitas no caderno de encargos. Após os Jogos, o Comitê de Bacia da Baía de Guanabara e seus respectivos subcomitês (são seis com interação direta com a dinâmica da Guanabara) passaram a buscar uma maior integração com órgãos e entidades da administração pública direta e indireta, tanto na esfera estadual quanto municipal. Face às frustrações decorrentes do não cumprimento de programas de melhorias ambientais — PDBG, PSAM, despoluição das lagoas da Barra e Jacarepaguá —, esses órgãos notaram a importância de uma maior articulação para exigir uma resposta mais rápida de governos a essas ações.

O promotor José Alexandre Maximino Mota, ex-coordenador do Grupo de Atuação Especializada em Meio Ambiente (Gaema/MPRJ), teve papel importante nessa reestruturação dos comitês. Ele liderou as ações que culminaram na assinatura de um Termo de Ajustamento de Conduta que descontingenciou os recursos do Fundo Estadual de Recursos Hídricos (Fundhri). Esses recursos vinham sendo contingenciados sistematicamente desde 2014. "As dificuldades fizeram o CBH-BG amadurecer sobremaneira, sendo que o mérito deste amadurecimento deve ser reconhecido ao próprio esforço dos seus integrantes em superar estas dificuldades", pontua Maximino[98], que continua:

> A busca por integração com os órgãos e entidades do Poder Executivo (municipal e estadual) relacionados aos temas afins — gestão de território, recursos hídricos e saneamento — partiu muito mais do engajamento e da mobilização interna dos próprios comitês do que de uma atenção e consideração dos órgãos do poder público. O CBH-BG, por exemplo, saiu mais fortalecido no cenário pós 2016 não apenas pelo amadurecimento e resiliência dos seus membros ante os impactos da crise econômico-financeira do estado, mas também pela

98. Entrevista ao autor em 2018.

> frustração em perceber que projetos de despoluição ficaram manifestamente aquém do quanto fora prometido pelo governo.

Ainda para Maximino, o CBH-BG percebeu que precisava e precisa se fortalecer (apesar das dificuldades não raras vezes postas até mesmo pelos órgãos e entidades públicas) para acompanhar de perto a concepção, a execução e o monitoramento destes projetos, planos e programas, conferindo-lhes a efetividade almejada pela sociedade e, em particular, cumprindo o papel que a legislação de recursos hídricos — especialmente a Lei da Política Nacional, nº 9.433/1997 — outorgou aos Comitês de Bacia.

O Comitê da Baía de Guanabara teve seu último plano de investimento datado de 2012, de R$ 10 milhões, mas este não se constituía em um programa de aplicação plurianual. O plano de investimento de 2019 a 2022 foi aprovado no término de 2018. Em dezembro de 2020, havia na conta do Comitê R$ 17,91 milhões. A presidente do órgão, Christianne Bernardo, aponta priorização em obras de saneamento na Baixada Fluminense.

A baía que queremos

Não devemos esperar uma Guanabara limpa nas próximas duas décadas se os investimentos seguirem longe da prioridade dos governantes. Longe disso, a imagem que será transmitida ao mundo será a de um ambiente carregado de matéria orgânica de esgotos, bastante divorciado das condições ideais. Contraste total com o estupendo cenário do entorno que confere ao Rio a alcunha de Cidade Maravilhosa — e de capital natural mundial.

Para além das pequenas ações a curto prazo, cabe à população fluminense decidir se a Guanabara limpa é, de fato, uma demanda social, assim como são melhorias em saúde, educação, habitação, transporte público e segurança. Essa decisão não foi tomada. Diariamente, 19.500 pessoas, em média, ficam doentes somente em Duque de Caxias, município de 900 mil habitantes na Baixada Fluminense. O drama dos esgotos que jorram em rios e a falta de água de qualidade ganhou corpo, é verdade, recentemente. Mas muito por causa das Olimpíadas e do enorme risco de vermos nossa imagem arranhada lá fora. A agenda ambiental, achincalhada pelos defensores da retrógrada visão de que a proteção ambiental impede o desenvolvimento econômico, segue relegada a segundo plano.

Exemplos de casos bem-sucedidos de ações de limpeza de estuários não faltam. A gigantesca Baía de Chesapeake[99], circundada por oito estados americanos, conseguiu resultados positivos com uma agenda comum envolvendo estados, municípios, União, universidades e sociedade civil. Por lá, um programa ambiental foi iniciado em 1983 com o objetivo de recuperar a biodiversidade afetada principalmente pelo uso de defensivos agrícolas, que resultavam em elevadas taxas de nitrogênio e fósforo no corpo hídrico.

Numa ação de longo prazo, com metas estabelecidas e muitas críticas da sociedade civil, poder público e academia se reuniram para garantir que as ações seriam acompanhadas de perto, bem como a aplicação dos recursos. Como resultado, boletins com indicadores de qualidade de água acessíveis ao público leigo são divulgados periodicamente[100] num portal mantido pela Universidade de Maryland. No site, o cidadão pode conferir, por exemplo, um diagnóstico da população de salmão ou de caranguejo-azul, indicadores de boa saúde daquelas águas. Em transparência e gestão, temos que correr atrás.

Dez entre dez cariocas concordam que devemos preservar o boto-cinza. Eles são animais bonitos, dóceis, simbolizam resistência. Estão na bandeira da cidade. Mas essas mesmas pessoas jamais exigiram a aplicação de um programa governamental sério, auditado, transparente sobre a limpeza da baía. A Cedae tem condições de avançar no saneamento? Conseguirá

99. Saiba mais em: http://www.chesapeakebay.net/.

100. Disponível em: http://ecoreportcard.org/report-cards/chesapeake-bay/.

a iniciativa privada dar conta da questão se a situação das favelas não for equacionada? Quanto será necessário gastar para que possamos universalizar o acesso a tratamento de esgotos e água de qualidade no Grande Rio, e quem fará esse financiamento? Teremos que esperar mais quanto tempo para ver a baía em melhores condições? Os mecanismos de controle social e regulação, importantes para garantir cumprimentos de prazos, funcionarão algum dia? Essas discussões não podem ficar restritas às paredes do Palácio Guanabara ou das salas dos líderes da Assembleia Legislativa do Rio.

Adolescentes se divertem pulando na Baía de Guanabara, na Praça Mauá, em frente ao Museu do Amanhã.
FOTO: RODRIGO S. COELHO©

Algumas conquistas recentes, fruto de ações contundentes dos órgãos de controle, devem ser comemoradas. São faróis em meio à insensatez. A APA de Guapi-Mirim, por exemplo, já desenvolveu um projeto executivo para a construção de uma trilha suspensa – elemento para alavancar o ecoturismo – com parte dos recursos de um Termo de Ajustamento de Conduta (TAC) da empresa Chevron. Em agosto de 2021, a gestão da APA de Guapi-Mirim informou que a proposta prevê uma trilha suspensa, em cima do manguezal, de 380 metros de extensão. A implementação depende, entretanto, da vontade política do governo federal. Em novembro de 2019 o Movimento Baía Viva lançou o projeto da Universidade do Mar, durante a Festa Literária de Paquetá (Flipa), com o objetivo de instalar um Centro de Pesquisas Marinhas e Oceanográficas no arquipélago. A Universidade do Mar será gerida pela Uerj e voltada para o ensino, a pesquisa e a extensão universitária, com capacitação de professores e formação técnica das comunidades pesqueiras artesanais, com cursos em áreas como meio ambiente, turismo, pesca e aquicultura.

Perdemos tempo assistindo de camarote a uma profusão de erros e alguns poucos avanços, tudo sob a regência de uma orquestra desafinada e muito cara para os cofres públicos. Limpar a baía é uma obrigação se o Rio quiser se manter com a força de uma cidade global, costuma dizer o economista e ecologista Sérgio Besserman. A Década dos Oceanos da ONU (2021-2030) desponta como mais uma oportunidade para construirmos uma governança efetiva, transparente, que leve a resultados práticos. Não há caminhos mágicos ou inovações mirabolantes. A retomada de simples obras de redes de coleta de esgoto é medida inadiável.

Referências

AGOSTINHO, C. *Luz del Fuego: a bailarina do povo*. Rio de Janeiro: Best Seller, 1995.

ALENCAR, E. *Estado vai licitar construção de 9 barcas por R$ 278 milhões*. O Globo, 10 de agosto de 2012. Disponível em: http://oglobo.globo.com/rio/estado-vai-licitar-construcao-de-9-barcas-por-278-milhoes-5749207.

ALENCAR, E. *Mesmo após desativação do aterro de Gramacho, depósitos clandestinos continuam recebendo lixo*. O Globo, 10 de outubro de 2012. Disponível em: http://oglobo.globo.com/rio/mesmo-apos-desativacao-do-aterro-de-gramacho-depositos--clandestinos-continuam-recebendo-lixo-6355957.

ALENCAR, E.; ARAÚJO, P. R. *Juiz põe fim à ação de despoluição da baía*. O Globo, 16 de novembro de 2012. Disponível em: http://oglobo.globo.com/rio/justica-arquiva-processo-que-da-prazo-para-despoluicao-da-baia-de-guanabara-6741240.

ALENCAR, E.; GALDO, R. *Impacto no ambiente é desconhecido*. O Globo, 9 de abril de 2014.

ALENCAR, E.; SCHMIDT, S. *Botos, peixes e camarões resistem à poluição da Baía, mas número de espécies diminui*. O Globo, 28 de agosto 2014. Disponível em: http://oglobo.globo.com/rio/botos-peixes-camaroes-resistem-poluicao-da-baia-mas-numero-de-especies-diminui-13751065#ixzz3iW5qUpIv.

ALENCAR, E.; SCHMIDT, S. *Trecho às margens da Baía, da Baixada a Botafogo, tem índices de poluição intoleráveis*. O Globo, 26 de agosto de 2014. Disponível em: http://oglobo.globo.com/rio/trecho-as-margens-da-baia-da-baixada-botafogo-tem-indices-de-poluicao-intoleraveis-13728375.

ALENCAR, E.; SCHMIDT, S. *Um mar de lixo e lama: quase R$ 3 bilhões gastos e a poluição persiste*. O Globo, 24 de agosto de 2014. Disponível em: http://oglobo.globo.com/rio/um-mar-de-lixo-lama-quase-3-bilhoes-gastos-a-poluicao-persiste-13711111.

ALENCAR, E. *Tatuzinho começa a escavar rede na Marina da Glória*. O Globo, 25 de agosto de 2015. Disponível em: http://oglobo.globo.com/esportes/rio-2016/tatuzinho-comeca-escavar-rede-na-marina-da-gloria-17290919.

ALENCAR, E. *Baía de Guanabara celebra despoluição que não aconteceu*. Projeto #Colabora, 18 de março de 2019. Disponível em: https://projetocolabora.com.br/ods6/baia-de-guanabara-celebra-despoluicao-que-nao-aconteceu/.

ALMEIDA, C. M.; ALMEIDA, S. *Fortaleza de Santa Cruz: patrimônio histórico e geológico de Niterói, RJ*. Anuário do Instituto de Geociências (UFRJ), 2012. Disponível em: https://revistas.ufrj.br/index.php/aigeo/article/view/6926/5493.

AMADOR, E. S. *Baía de Guanabara: um balanço histórico*. In: ABREU, M. A. (org.). *Natureza e sociedade no Rio de Janeiro*. Rio de Janeiro: Biblioteca Carioca, 1992.

AMADOR, E. S. *Baía de Guanabara e ecossistemas periféricos: Homem e natureza*. Rio de Janeiro: Interciência, 2012.

AMADOR, E. S. *Baía de Guanabara: ocupação histórica e avaliação ambiental*. Rio de Janeiro: Interciência, 2013.

AMORIM, S. *Casas de veraneio de governadores têm alto custo e muitas estão sem utilização*. O Globo, 2 de agosto de 2015. Disponível em: http://oglobo.globo.com/brasil/casas-de-veraneio-de-governadores-tem-alto-custo-muitas-estao-sem--utilizacao-17055019.

ARAÚJO, D. S. D.; MACIEL, N. C. *Os manguezais do recôncavo da Guanabara*. Rio de Janeiro: Feema, 1979.

ARAUJO, J. S. A. P. *Memorias historicas do Rio de Janeiro e das provincias annexas à jurisdicção do Vice-Rei do Estado do Brasil, dedicadas a El-Rei Nosso Senhor D. João VI*. Rio de Janeiro: Impressão Regia, 1820.

BERTOLDO, S. *Velejadores criticam a poluição da Baía de Guanabara*. O Globo, 10 de janeiro de 2014. Disponível em: http://oglobo.globo.com/esportes/velejadores-criticam-poluicao-da-baia-de-guanabara-11261195.

BOUGAINVILLE, L. A. *Voyage autour du monde par la frégate du roi 'la Boudeuse' et la flûte 'l'Étoile'*. Disponível em: http://gallica.bnf.fr/ark:/12148/btv1b8602974k/f9.

CALIXTO, E. *Contribuições para o plano de contingência para derramamento de petróleo e derivado no Brasil*. Rio de Janeiro: UFRJ/COPPE, 2011. Disponível em: http://www.ppe.ufrj.br/images/publicações/doutorado/Eduardo_Calixto.pdf.

CAVALCANTI, N. O. *O Rio de Janeiro setecentista: A vida e a construção da cidade da invasão francesa até a chegada da Corte*. Rio de Janeiro: Jorge Zahar, 2003.

CHAVES, A. S. *Vicissitudes sobre as áreas paludosas no Rio de Janeiro oitocentista: mangue herói ou vilão?* Dissertação de mestrado: Universidade Federal do Rio de Janeiro, Instituto de Geociências — Departamento de Geografia, 2008.

CHAVES, C. R. *Mapeamento Participativo da Pesca Artesanal da Baía de Guanabara*. Dissertação de mestrado: Universidade Federal do Rio de Janeiro, Centro de Ciências Matemáticas e da Natureza, Instituto de Geociências — Departamento de Geografia, 2011.

COELHO, V. *Baía de Guanabara: Uma história de agressão ambiental*. Rio de Janeiro: Casa da Palavra, 2007.

DEL RIO, V. *A evolução da área portuária do Rio de Janeiro*. Monografia da Faculdade de Arquitetura e Urbanismo, Universidade de São Paulo. São Paulo: USP, 1986.

DORIA, P. *Quem foi Villegagnon*. O Globo, 15 de março de 2015. Disponível em: http://oglobo.globo.com/rio/rio-450/quem-foi-villegagnon-15600770.

DURÃO, M.; ALENCAR, E. *PF quer ampliar investigação sobre poluição do Rio Iguaçu pela Petrobras*. O Globo, 13 de dezembro de 2011.

ELMALAN, S. *Villegagnon ou a utopia tropical*. Universidade Estadual Paulista "Júlio de Mesquita Filho", 2008. Disponível em: http://www.scielo.br/scielo.php?script=sci_arttext&pid=S0101-90742008000100013.

FERNANDES, D. *Índios da Guanabara*. História Viva, maio de 2013.

FIPERJ. *Projeto de Monitoramento da Atividade Pesqueira no Estado do Rio de Janeiro*. Relatório técnico semestral. Dados de produção pesqueira do 2º semestre de 2017. Disponível em: http://www.fiperj.rj.gov.br/index.php/arquivo/download/224.

GRAEL, A. S. *Avaliação dos programas de prevenção (ecobarreiras) e retirada do lixo flutuante (ecobarcos) na Baía de Guanabara, visando os Jogos Olímpicos Rio 2016 e proposição do Programa Guanabara Viva, um novo plano de ação com ênfase no legado olímpico*. Niterói: Instituto Rumo Náutico (Projeto Grael) e Instituto Baía de Guanabara (IBG), 2015.

GRAHAM, M. *Diário de uma viagem ao Brasil*. Belo Horizonte e São Paulo: Itatiaia e Edusp, 1990. Disponível em: http://www.ifch.unicamp.br/ojs/index.php/historiasocial/article/view/82/76.

JABLONSKI, S.; AZEVEDO, A. F.; MOREIRA, L.H.A.; SILVA, O. C. A. *Levantamento de dados da atividade pesqueira na Baía de Guanabara como subsídio para a avaliação de impactos Ambientais e a gestão da pesca*. Ibama, setembro de 2002.

KUGLER, H. *Ruído ameaçador*. Ciência Hoje, 3 de julho de 2014. Disponível em: https://cienciahoje.org.br/ruido-ameacador/.

LÉRY, J. *Viagem à terra do Brasil*. Tradução integral e notas de Sérgio Milliet segundo a edição de Paul Gaffarel com o colóquio na língua brasileira e notas tupinológicas de Plínio Ayrosa. São Paulo: Biblioteca do Exército, 1961.

LAMEGO, A. R. *O homem e a Guanabara*. Edição comemorativa do IV Centenário da Cidade do Rio de Janeiro. Biblioteca Geográfica Brasileira, 1964. Disponível em: http://biblioteca.ibge.gov.br/visualizacao/livros/liv13101_v3.pdf.

MACEDO, J. *Memórias da Rua do Ouvidor*. Brasília: Editora UNB, 1952.

MATTOS, M. B. *Experiências Comuns. Escravizados e livres na formação da classe trabalhadora carioca*. Niterói: Mimeo. Tese apresentada ao Concurso para Professor Titular de História do Brasil da Universidade Federal Fluminense, 2004. p. 32

MATTOS, S. M. S. N.; DRUMMOND, J. A. *O terceiro setor como executor de políticas públicas: ONGs ambientalistas na Baía de Guanabara (1990-2001)*. Revista de Sociologia Política, n. 24. UFPR, 2005.

MOTTA, C. *Produtiva, apesar da poluição — Baía de Guanabara ainda é o mais importante local de pesca do estado do Rio de Janeiro, embora receba diariamente grande quantidade de esgoto*. Revista Amanhã, O Globo, 12 de março de 2013. Disponível em: https://oglobo.globo.com/sociedade/ciencia/revista-amanha/produtiva-apesar-da-poluicao-7813707.

NICOLODI, J. L.; PETERMANN, R. M. *Mudanças Climáticas e a Vulnerabilidade da Zona Costeira do Brasil: Aspectos ambientais, sociais e tecnológicos*. Revista de Gestão Costeira Integrada. v. 10, n. 2. p. 151-177, 2010.

OLIVEIRA, F. F.; WASSERMAN, J. C.; CAMPOS, R. C. *Levantamento das concentrações de mercúrio total nos sedimentos superficiais da Baía de Guanabara (RJ - Brasil)*. Anais do IV Congresso Brasileiro de Oceanografia. Rio Grande, 2010.

ORTIZ, F. *Baía de Guanabara: vazamento da Petrobras completa 14 anos*. O Eco, 18 de fevereiro de 2014. Disponível em: http://www.oeco.org.br/reportagens/28021-baia-de-guanabara-vazamento-da-petrobras-completa-14-anos/.

PACÍFICO, A. *A história do transporte aquaviário na Baía de Guanabara: Uma análise da relação entre capital privado e poder público no planejamento de transportes do Rio de Janeiro*. I Conferência Nacional de Políticas Públicas contra a Pobreza e a Desigualdade. Universidade Federal do Rio Grande do Norte, 2010.

PAMPLONA, N. *Porto do Rio de Janeiro se consolida como o do pré-sal*. Brasil Econômico, 16 de julho de 2013.

PELLI, R. *Descobertas e redescobertas no cais*. Revista de História, 23 de maio de 2011.

PEREIRA, J. C. M. S. *À flor da terra: o cemitério dos pretos novos no Rio de Janeiro*. Rio de Janeiro: Garamond, 2007.

PETROBRAS. *Baía de Guanabara: Síntese do conhecimento ambiental*. Rio de Janeiro: Editora Cenpes, 2013.

PETROBRAS. *Petrobras descobre hidrocarboneto em poço no pré-sal da Bacia de Campos*. Rio de Janeiro: 2021. Disponível em: https://www.agenciapetrobras.com.br/Materia/ExibirMateria?p_materia=983313&p_editoria=8.

PIRES, I. O. *Manguezais da região do recôncavo da Baía de Guanabara: Revisita através dos mapas*. Revista da Gestão Costeira Integrada. Portugal, 2010.

PUFF, J. *Impasse na Petrobras traz demissões e fome a cidade 'eldorado' do petróleo*. Uol, 13 de fevereiro de 2015. Disponível em: http://economia.uol.com.br/noticias/bbc/2015/02/13/impasse-na-petrobras-traz-demissoes-e-fome-a-cidade-eldorado-do--petroleo.htm.

REUTERS. *Pré-sal do Brasil contém 176 bilhões de barris de petróleo e gás, diz estudo.* G1, 10 de agosto de 2015. Disponível em: http://g1.globo.com/economia/noticia/2015/08/pre-sal-do--brasil-contem-176-bilhoes-de-barris-de-petroleo-e-gas-diz-estudo.html.

RIBEIRO, C. A. C. *Henrique Lage e a Companhia Nacional de Navegação Costeira: a história da empresa e sua inserção social (1891-1942)*. Rio de Janeiro: UFRJ/IFCS, 2007.

SOARES, D. L. *Os impactos ambientais no geossistema da Baía de Guanabara*. Anais XVI Encontro Nacional dos Geógrafos. Porto Alegre, 2010. Disponível em: www.agb.org.br/evento/download.php?idTrabalho=4265.

VIANNA, M. *A biodiversidade da Baía e os impactos da degradação ambiental.* Apresentação no seminário "A Baía do Amanhã", no Museu do Amanhã, em 11 de outubro de 2017. Laboratório de Biologia e Tecnologia Pesqueira — BioTecPesca, UFRJ.

VILLELA, F. *Botos da Baía de Guanabara estão entre os animais mais contaminados do mundo*. Agência Brasil, 11 de agosto de 2015. Disponível em: http://agenciabrasil.ebc.com.br/geral/noticia/2015-08/botos-da-baia-de-guanabara-estao-entre--os-animais-mais-contaminado-do-mundo.

WERNECK, Felipe. *'Não é um projeto que teve boa reputação', diz BID*. O Estado de S. Paulo, 22 de março de 2012. Disponível em: http://sustentabilidade.estadao.com.br/noticias/geral,-nao-e-um-projeto-que-teve-boa-reputacao-diz-bid,852029.

2ª edição	setembro 2021
impressão	rotaplan
papel miolo	pólen bold 70g/m^2
papel capa	cartão supremo 300g/m^2
tipografia	lyon text e gotham